역사로 보는
음식의 세계

역사로 보는 음식의 세계

이은정 글 **강영지** 그림
초판 1쇄 발행일 2020년 10월 15일 **초판 5쇄 발행일** 2025년 8월 1일
펴낸이 박봉서 **펴낸곳** (주)크레용하우스 **출판등록** 제1998-000024호
편집 이민정 **디자인** 이혜인 **마케팅** 한승훈·신빛나라 **제작** 김금순
주소 서울 광진구 천호대로 709-9 **전화** (02)3436-1711 **팩스** (02)3436-1410
홈페이지 www.crayonhouse.co.kr **이메일** crayon@crayonhouse.co.kr

글 ⓒ 이은정 2020
이 책에 실린 글과 그림은 무단 전재 및 무단 복제할 수 없습니다.

ISBN 978-89-5547-705-4 74810

이 도서의 국립중앙도서관 출판시도서목록(CIP)은 서지정보유통지원시스템 홈페이지(http://seoji.nl.go.kr)와
국가자료공동목록시스템(http://www.nl.go.kr/kolisnet)에서 이용하실 수 있습니다.(CIP제어번호: CIP2020039677)

역사로 보는 음식의 세계

이은정 글 강영지 그림

크레용하우스

작가의 말

『역사로 보는 음식의 세계』는 '음식에 담긴 재미난 이야기를 책으로 엮으면 어떨까' 하는 생각에서 출발했어요.

역사 수업을 할 때마다 느끼는 것 중 하나가 '재미'였거든요.

"2차 세계 대전으로 새로운 무기들이 많이 등장했어."라는 설명보다 "2차 세계 대전 때 베이컨 기름으로 폭탄을 만들려고 했던 나라가 있었어."라는 도입이 아이들의 호기심을 자극했기 때문이에요.

"요리할 때 쓰는 베이컨이요?"

아이들의 질문이 시작되면 수업에 관심이 없던 아이들까지 눈이 반짝반짝 빛난답니다.

역사 수업을 하면서 아이들의 반응이 뜨거웠던 내용은 이자겸의 반란으로 이름이 생긴 굴비, 게장으로 경종을 독살했다는 소문에 휩싸였던 영조, 병자호란으로 남한산성을 대표하는 음식이 된 닭백숙, 햄버거에 담긴 이민족의 서러운 역사, 지진 때문에 세계로 퍼진 일본의 초밥과 한때 미국에서 천대받던 랍스터였어요.

아이들은 설명에 푹 빠져 "그래서 이런 음식이 탄생했구나."라고 말하

기도 하고 "세상에, 음식에 이런 슬픈 역사가 있다니……."라며 말을 잇지 못하기도 했어요.

  원고의 일부분을 읽은 한 아이가 말했어요.

  "역사에 관심이 없었는데 음식에 담긴 역사를 읽다 보니 생각이 달라졌어요."라고요.

  아이의 말 한마디에 큰 위로를 받았어요. 자료를 찾으며 소재를 선별해 원고를 쓰고 다듬기를 반복했던 시간과 노력이 헛되지 않았다는 생각이 들었어요.

  이 책을 쓰기 위해 많은 음식점을 찾아 다녔어요. 맛집으로 소문난 식당을 찾기도 했는데요. 친구들은 어떤 음식과 이야기가 가장 기억에 남을까요?

오늘도 뭘 먹을지 고민하며
이은정

차례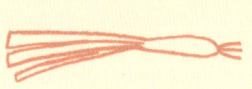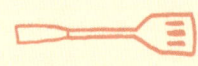

1. 떡볶이
- 조선의 고급 식재료였던 밀   10
- 궁중떡볶이, 밀을 만나 서민 간식이 되다   12
- 세계의 요리: 일본의 라면   20
- 더 알아볼까?: 나라의 흥망성쇠를 쥔 밀   25

2. 짜장면
- 고구려 병사들의 단백질 공급원이었던 콩   28
- 춘장의 재료가 콩이래요!   30
- 세계의 요리: 중국의 마파두부   38
- 더 알아볼까?: 국민 건강을 책임지는 발효 식품   42

3. 소불고기
- 뿔에서 똥까지 무엇 하나 버릴 것 없는 소   46
- 세계인의 입맛을 사로잡은 고구려의 맥적   48
- 세계의 요리: 미국의 햄버거   56
- 더 알아볼까?: 소가 내뿜는 메탄가스   60

4. 굴비구이

- 거대한 식량 창고, 바다   64
- 조기에 굴비라는 이름을 지어 준 이자겸   66
- 세계의 요리: 영국의 피시앤칩스   74
- 더 알아볼까?: 생선으로 만든 어간장   78

5. 보쌈김치

- '숭'이라 불렸던 배추   82
- 왕실 고급 음식이었던 보쌈김치   84
- 세계의 요리: 독일의 사우어크라우트   92
- 더 알아볼까?: 배고픔을 해결한 채소들   96

6. 간고등어

- 바다의 보리, 고등어   100
- 국민 생선 고등어 대령이요!   102
- 세계의 요리: 일본의 스시   110
- 더 알아볼까?: 일본의 항구가 된 구룡포   114

7. 삼계탕

- 인류의 오랜 친구, 닭   118
- 삼계탕이 아니라 계삼탕이라고?   120
- 세계의 요리: 흑인 노예들의 프라이드치킨   128

더 알아볼까?: 꿩 대신 닭의 유래   132

8. 게장

- 꽃게가 아니라 곶게였대!   136
- 영조, 게장으로 경종을 독살했다?   138
- 세계의 요리: 미국의 랍스터   146

더 알아볼까?: 태안의 기름띠를 이겨 낸 인간 띠   150

9. 순대

- 농경 생활과 함께했던 돼지   154
- 피난민들의 슬픔이 녹아 있는 아바이 순대   156
- 세계의 요리: 베이컨 기름으로 폭탄을?   163

더 알아볼까?: 이슬람교가 돼지고기를 먹지 않는 이유   167

10. 김밥

- 연오랑이 바다로 나간 이유   170
- 정월 대보름의 복쌈에서 시작된 김밥   172
- 세계의 요리: 일본의 삼각김밥   179

더 알아볼까?: 세계인의 입맛을 사로잡은 김   183

1. 떡볶이

조선의 고급 식재료였던 밀

역사로 보는 음식의 세계를 찾아 준 친구들 안녕! 나는 음식에 담긴 재미난 역사를 찾기 위해 세계 곳곳을 발로 뛰는 요리 연구가 주영 선생님이야. 오늘은 친구들과 만나는 첫 번째 시간이라 친구들이 좋아하는 떡볶이의 주재료인 밀을 소개하려고 해.

4대 문명이 일어난 곳의 공통점 중 하나는 큰 강 유역에서 농사를 지었다는 거야. 물을 안정적으로 구할 수 있었고 폭우로 강이 범람하면서 강 하류의 땅이 기름져 농사가 잘됐거든.

밀은 기원전 1만 년경에 서아시아의 메소포타미아와 이란 일대에서 처음 재배됐어. 이후 밀은 기원전 100년경에 중국을 거쳐 삼국 시대 즈음에 우리나라로 전래됐지. 우리나라는 쌀과 밀 중에서 무엇을 좋아했을까?

당연히 쌀이야. 우리나라는 쌀을 주식으로 하는 밥 문화가 발달했기 때문이지. 밀을 선호하지 않는 또 다른 이유는 다루기가 쉽지 않아서였어. 밀은 낱알이 쌀이나 보리처럼 단단하지 않고 잘 부서졌어. 대신 낱알을 싸고 있는 겉껍질은 단단했지. 단단한 겉껍질을 까다 보면 낟알이 뭉개지는 바람에 겉껍질을 통째로 부셔 가루를 냈어. 그리고는 고운 체로 여러 번 걸러 가루와 껍질을 분류했지. 이렇게 만들어진 밀가루는 귀한 식재료가 됐어.

고려의 역사를 알 수 있는 『고려도경』에는 '국수는 밀가루값이 매우 비싸서 결혼식 때가 아니면 먹지 못하는 음식'이라 기록되어 있어. 조선 시대 때 궁중 연회 음식에 대한 내용을 수록한 『진찬의궤』와 『진연의궤』에는 연회 때마다 국수장국을 대접했다는 기록을 찾을 수 있지.

우리나라는 밀 수확이 많지 않았던 터라 주로 중국에서 밀가루를 수입했어. 백성들은 수입한 밀가루를 쉽게 구할 수 없었고 양반들도 비싼 밀가루를 자주 이용할 수 없었어. 이런 이유로 밀가루는 집안의 중요한 행사나 혼례 때만 사용했어. 그래서 가루 중의 가루라는 의미로 '진말'이라 부르기도 했지.

비싼 밀가루가 어떤 이유로 서민들의 간식이 된 것일까? 선이가 친구들의 궁금증을 시원하게 해결해 주려고 기다리고 있어. 선이를 만나 볼까?

궁중떡볶이, 밀을 만나 서민 간식이 되다

"빨리 안 나오면 휴대 전화 압수야!"

짜증이 잔뜩 묻은 엄마의 목소리가 선이의 게임을 방해했다.

"가!"

조금만 더 하면 이길 수 있었는데. 선이는 아쉬움과 짜증을 발뒤꿈치에 담아 쿵쾅거리며 주방으로 향했다.

"앗, 떡볶이다. 그런데 왜 이렇게 많이 했어?"

떡볶이를 보자 짜증 대신 배고픔이 밀려와 배 속에서 '꼬르륵' 소리가 났다.

"쌀이랑 밀로 만들어 봤는데 어느 쪽이 나은지 말해 줘야 해."

엄마가 쌀떡볶이와 밀 떡볶이를 가리키며 말했다. 눈으로 보기에는 차이가 없어 보였다. 모양과 색이 똑같았기 때문이다.

"쌀떡이 밀떡보다 조금 더 두꺼워."

그러고 보니 두께와 윤기가 달라 보이긴 했다. 쌀떡볶이를 먼저 맛보았다. 학교 앞 분식집에서 즐겨 먹던 맛과 달랐다. 이번에는 밀 떡볶이를 먹었다. 자주 먹던 떡볶이 맛이 났다.

"엄마, 밀 떡볶이가 더 맛있어. 내가 자주 가는 떡볶이집이 있는데 거기 떡도 이 떡처럼 쫀득쫀득하거든."

"네가 늦게 와서 쌀떡이 다 풀어져서 그렇잖아. 따끈할 때 먹어야 하는데 게임에 빠져서는……."

"맛 하면 쌀떡볶이지."

엄마의 잔소리를 끊은 것은 할머니였다. 역시 할머니는 선이의 구세주가 틀림없었다. 선이는 주방으로 들어온 할머니를 향해 한쪽 눈을 찡긋거렸다.

"할미가 어릴 때는 쌀떡이 없었어."

선이가 "왜요?"라고 묻자 할머니의 답은 간단했다.

"쌀이 귀했거든."

할머니의 짧은 대답에 엄마가 나섰다.

"주식이 쌀이긴 하지만 우리나라는 아주 오래전부터 쌀이 귀한 나라였어. 때문에 콩, 보리, 조와 같은 잡곡을 쌀에 섞어 먹거나 대신 감자나 고구마를 먹었지. 선이가 맛이 별로라고 했던 이 쌀떡볶이는 조선 시대에 궁궐에서 먹던 음식이었어. 떡국을 끓이고 남은 가래떡에 소고기와 야채를 넣고 간장으로 맛을 낸 궁중떡볶이가 떡볶이의 시작이었지."

"할머니, 할머니도 어렸을 때 떡볶이 좋아했어요?"

"보자, 내가 언제 떡볶이를 먹었더라."

할머니가 곰곰 생각에 빠지자 엄마가 다시 말을 이었다.

"할머니가 태어난 1940년대 즈음은 쌀이 엄청 귀한 시기였어. 광복 직후에도 우리나라의 쌀 사정이 나아지지 않았거든. 더군다나 1950년에 6.25전쟁 이후 지독한 흉년이 이어지다 보니 먹을 것 자체가 귀했지. 그러다 1960년대 이후 미국에서 밀가루를 원조받기 시작했어. 당시 미국은 밀가루 생산량이 엄청났거든. 밀가루를 지원받게 된 우리나라는 부족한 식량난을 해결할 수 있으리라 생각했어. 그런데 문제가 생겼어."

선이가 '왜?'라고 묻기 전에 할머니가 나섰다.

"밀가루는 밥이 될 수 없었거든. 보리든 콩이든 곡식을 먹어야 하는데 밀가루는 곡식이 아니잖아."

"할머니, 밀가루는 밀로 만드는 거잖아요. 밀은 곡식 맞는데?"

선이의 말에 할머니가 웃으며 말했다.

"맞네, 곡식이네. 그런데 밥과 국 위주로 먹던 옛날 사람들은 밀가루로 만든 빵이나 국수로는 끼니를 해결할 수 없다고 생각했단다. 네 할아버지도 햄버거가 음식이냐며 밥 달라고 했었잖아."

"맞아요."

선이는 돌아가신 할아버지가 자주 하던 말을 떠올렸다.

"하긴 지금도 내가 라면이랑 피자 좋아한다고 할머니가 뭐라 하잖아요, 히힛."

선이의 말에 할머니와 엄마도 웃었다.

"밀가루를 지원받은 정부도 난감했어. 쌀은 부족하고 밀가루는 쌓여 갔거든. 고민을 거듭했던 정부는 혼분식 정책을 내놓았어. 혼식은 쌀에 잡곡을 섞어 먹는 것이고 분식은 밀가루 음식을 많이 먹으라는 의도였지."

엄마 말에 할머니가 맞장구를 쳤다.

"그래, 혼분식. 할미 학교 다닐 때는 도시락도 검사했었어. 밥에 콩이나 보리를 섞었는지 검사했는데 반에서 몇 안 됐지만 쌀밥만 싸 온 애들도 있었어. 그땐 쌀밥 먹는 애들이 부러웠는데."

"엄마, 지금도 쌀이 부족해?"

할머니 말을 듣던 선이가 엄마를 불렀다. 엄마가 "아니."라고 하자 선이가 또 물었다.

"우리 집은 언제나 잡곡밥이잖아? 엄마는 내가 싫다고 해도 콩이랑 귀리, 보리 이런 거 많이 넣잖아."

선이의 푸념 섞인 말에 엄마가 선이 머리를 살짝 쥐어박았다.

"건강을 위해서 먹으라는 거지. 잡곡이 몸에 얼마나 좋은데."

"오케이. 거기까지. 그럼 미국에서 들여온 밀가루로 밀떡을 만든 거네."

엄마의 잔소리가 늘어질세라 선이가 얼른 말을 돌렸다.

"그렇지. '무미일'이라고 쌀을 먹지 않는 날을 지정하기도 했고, 설렁탕에도 국수를 넣어 쌀 소비를 줄이고자 노력했어."

"아하, 그래서 설렁탕에 국수를 말아 주는 거로구나."

할머니가 무릎을 치며 말했다.

"와, 머리 좋다 엄마."

선이도 감탄했다.

"가래떡도 처음에는 쌀에 밀가루를 섞었는데 걱정과 달리 맛이 좋았어. 차츰 쌀가루보다 밀가루 양을 늘리면서 밀가루만으로 가래떡을 만들기도 했지. 어떤 상인이 시장에서 솥뚜껑을 엎어 놓고 기름에 볶은 밀떡을 만들어 팔았는데 맛이 좋아 손님이 줄을 이었어. 색다른 간식거리였던 거지."

선이가 떡볶이를 먹으며 물었다.

"그럼 언제부터 빨간 떡볶이가 된 거야?"

"신당동에서 보따리장수를 하던 마복림 할머니가 원조지. 손님을 만난 할머니가 당시 유행했던 중국 음식점을 방문했어. 손님을 위해 짜장면을 주문했는데 그때 가래떡이 함께 나왔지 뭐야. 옛날에는 새로 가게를 열거나 이사를 가면 떡을 만들어 나눠 먹는 풍습이 있었거든. 배가 고팠던 할머니가 가래떡을 먹다가 실수로 짜장면에 떨어뜨렸어. 그런데 이게 웬일. 짜장면 소스가 묻은 떡의 맛이 기막힌 거야. 춘장 맛에 반한 할머니는 고추장에 춘장을 섞어 떡볶이를 만들자고 생각했지."

"신당동은 지금도 떡볶이로 유명한 곳인데, 옛날부터 그랬구나."

할머니가 말했다.

"이렇게 탄생된 밀 떡볶이는 순식간에 사람들의 입맛을 사로잡았어. 학굣길이나 퇴근길이면 떡볶이를 찾는 사람들이 줄을 섰지. 저렴하면서 입을 즐겁게 하고 배를 든든히 채울 수 있어 찾는 사람들이 많았어. 더군다나 밀로 만든 떡볶이는 쌀이 들어가지 않아 정부에서 실시했던 분식 장려 운동에 딱 맞았던 거야."

"밀떡은 쌀떡이랑 씹는 맛 자체가 다른 것 같아."

"쌀은 끓이는 과정에서 풀어지지만 밀떡은 쫄깃한 맛을 오래 느낄 수 있기 때문이야."

"내가 먹기에는 쌀떡이 부드럽고 좋은데."

할머니 말에 선이는 밀떡이 더 좋다고 했다.

"마복림 할머니 손에서 탄생된 떡볶이는 이후 다양한 재료를 넣어 직접 끓여 먹는 즉석 떡볶이가 되었어. 좋아하는 것은 넣고 싫어하는 것은 빼고. 요즘에는 카레나 짜장 그리고 칠리소스, 치킨을 넣는 등 더 다양하게 발전했지."

엄마의 설명 끝에 선이가 엄마를 불렀다. 그러고는 이렇게 말했다.

"엄마, 치킨 떡볶이 먹자. 나 그거 먹고 싶어."

세계의 요리

일본의 라면

　선이의 이야기 잘 들었니? 이번에는 여러분이 좋아하는 세계 곳곳의 음식을 소개하려고 해. 오늘 소개할 세계의 요리를 맞춰 볼래?

　생으로 먹을 수 있고 조리 방법에 따라 3분이나 7분만 끓이면 먹을 수 있지. 종류가 엄청 많아. 개인의 취향에 따라 파, 달걀, 콩나물이나 오징어, 조개를 넣으면 근사한 요리로 변신해. 바로 라면이야!

　라면이 어떻게 탄생되었는지 잘 들어 봐.

　일본은 2차 세계 대전에서 원자 폭탄을 맞아 나라가 쑥대밭이 됐어. 일본 천황은 패배를 인정하고 항복을 선언했지. 그 결과 우리나라가 일본의 지배에서 벗어나 광복을 맞이했어.

　전쟁에 패한 일본은 미국의 눈치를 봐야 했어. 미군의 정치 개입이 시작됐거든. 미국은 일본이 공업보다는 농업 위주로 나라를 운영하도록 했어. 2차 세계 대전으로 많은 나라들이 피해를 입었기 때문에 일본의 경제 성장을 제한하려는 의도였지. 그러나 1950년 우리나라에서 6.25전쟁이 일어나면서 상황이 바뀌었어. 미국이 전쟁에 개입하면서 전쟁에 필요한 군수품을 일본에서 생산했어. 우리나라와 미국의 거리가 멀었기 때문이야. 일본은 6.25전쟁을 기회로 극적인 경제 성장을 이룬 나라지.

그러나 일본의 경제 성장을 발목 잡는 것이 있었어. 2차 세계대전 이후 일본이 점령했던 식민지 국가들이 독립하자 식량 부족 사태가 벌어졌거든. 더군다나 1946년에 찾아온 흉년으로 쌀값은 하늘 높은 줄 모르고 올랐어. 정부에서 보관하고 있던 쌀마저 바닥나자 일본은 국민들에게 옥수수와 감자, 콩을 배급했어. 굶주림에 시달린 국민들은 먹을 것을 찾아 쓰레기를 뒤지거나 미군 부대에서 나온 찌꺼기를 먹기도 했지.

1950년대에 미국은 밀을 대량 생산해 창고마다 가득 쌓였어. 미국은 밀을 아시아에 싼값에 팔기로 했어. 일부는 공짜로 주기도 했지.

드디어 미국에서 출발한 밀가루가 일본에 도착했어. 일본 정부는 밀가루가 시민들의 배고픔을 해결해 줄 거라고 생각했지만 현실은 그렇지 않았어. 왜냐고?

일본도 우리와 비슷하게 끼니때마다 밥과 국 위주로 먹어야 했거든. 그러다 보니 밀가루로 만든 빵으로는 배고픔이 해결되지 않았어.

일본이 식량난에 허덕이자 닛신 식품의 창업주인 안도 모모후쿠 회장의 고민이 커졌어. 안도 회장은 식량 문제를 해결하기 위해 식품 사업에 전념했지. 밀가루로 만들었지만 든든하고 손쉽게 먹을 수 있는 요리를 찾고 싶었거든.

고민이 깊어 갈 무렵 안도 회장이 포장마차를 찾았어. 그런데 포장마차 주인이 밀가루 반죽을 입힌 어묵을 기름에 튀기는 모습을 보자 안도 회장의 머리가 번뜩였어.

"튀겨질 때 밀가루 속의 수분이 빠져나가는구나."

안도 회장은 곧장 집으로 향했어. 집 마당에 작은 연구실을 만들어 연구에 집중했어. 밀가루 반죽을 튀기면 수분이 빠져나가며 그 자리에 많은 구멍들이 생겼지. 그리고 다시 뜨거운 물을 부었더니 구멍에 수분이 채워지며 스르르 풀리는 거야.

안도 회장이 무릎을 탁 치며 소리쳤어.

"됐어!"

이렇게 탄생된 것이 라면이야. 안도 회장은 젓가락에 잘 감기도록 면발은 구불거리게, 물에 끓이기만 하면 바로 먹을 수 있도록 치킨 맛이 나는 양념도 했지.

일본 사람들은 안도 회장이 만든 라면에 환호했어. 쫄깃한 면발과 치킨 맛이 먹는 이들을 즐겁게 하면서 한 끼 식사로 거뜬했기 때문이야.

라면 산업의 성장은 일본 정부의 정책도 한몫했어. 부족한 쌀을 해결하기 위해 분식 장려 운동을 펼쳤거든. 이후 라면은 정부의 지원에 힘을 얻어 일본 전역에서 사랑받는 요리가 되었지.

이후 여러 식품 회사들이 라면을 만들면서 닛신 식품의 매출이

하락했어. 새로운 상품을 찾던 안도 회장은 라면을 컵에 덜어 먹는 미국인의 모습을 보고 컵라면을 만들자고 계획했지. 면을 담는 용기를 연구한 끝에 컵라면이 탄생했고 컵라면은 전 세계인들이 사랑하는 음식으로 성장했어.

설명을 끝내니 배가 고픈걸. 출출할 땐 라면이 제격인데 어떤 라면이 좋을까? 선생님 앞에 나열된 라면은 봉지 라면부터 컵라면, 짜장 라면, 짬뽕 맛 나는 라면, 매운 라면, 국물이 구수한 라면, 매콤한 비빔장이 일품인 라면 등이 있어. 김치가 듬뿍 들어간 라면, 미역국 맛이 나는 라면도 있는데 무엇으로 먹을까? 너희는 어떤 라면을 좋아하니?

> 더 알아볼까?

나라의 흥망성쇠를 쥔 밀

  인류 최초의 문명은 티그리스강과 유프라테스강 사이의 비옥한 땅에서 발달한 메소포타미아 문명이야. 메소포타미아의 수메르인들은 강 하류의 넓은 땅에서 밀을 재배했어. 나일강을 중심으로 문명을 일으킨 이집트인들도 나일강 하류의 기름진 땅에서 밀을 키웠지.

  밀을 수확한 이집트인들은 효모를 이용해 밀가루로 빵을 만들었어. 인류 최초의 빵이 이집트인들 손에서 탄생했지. 빵 만드는 방법은 이집트에서 메소포타미아를 지나 예루살렘 그리고 그리스까지 전파되며 유럽인들의 주식이 됐어.

  옛날 사람들은 농사를 짓기 시작하면서 정착 생활을 했어. 움막을 짓고 곡식을 담을 수 있는 그릇도 만들었지. 철이 등장하면서 농기구의 변화가 일어났고 이로 인해 밀의 대량 생산이 가능해졌어. 배불리 먹고도 밀이 남아돌자 물물 교환을 하기 시작했어.

  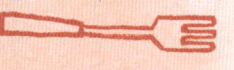   

    물물 교환을 위해 장터가 생겼고 장터에 필요한 가게와 음식점이 발달하면서 도시가 형성됐지. 더불어 많이 가진 사람과 적게 가진 사람 사이에 계급이 발생하면서 평등했던 사회가 계급 사회로 바뀌었지. 이렇게 탄생한 도시는 나라를 만드는 기초가 되었어.

    그런데 밀로 인해 망한 나라가 있어.

    프랑스의 황제였던 나폴레옹이 러시아 원정에서 패한 이유가 밀 때문이었어. 러시아군은 프랑스에 있는 밀의 주요 생산지를 불태웠지. 밀 생산지를 잃은 프랑스는 군대에 식량을 보급할 수 없었어. 거기다 한파까지 덮쳐 군사들은 배고픔과 추위에 쓰러졌지. 나폴레옹은 러시아에 항복할 수밖에 없었어.

    세계 3대 곡물 중의 하나인 밀이 나라를 일으키는 힘이 되기도 했지만 망하게 하기도 했다니 놀랍지 않니?

2. 짜장면

고구려 병사들에게 단백질을 공급했던 콩

오늘 소개할 식재료는 콩이야. 콩은 선생님이 요리에 자주 사용하는데 과연 언제부터 재배했을까?

콩은 약 5,000년경에 만주와 한반도에서 재배됐어. 중국의 『삼국지』위지 동이전의 부여조에 '토지선오곡불생오과', 승진조에 '토지맥미선이종오곡급도'라는 기록이 있는데 오곡은 쌀, 보리, 조, 콩, 기장이야. 우리는 이 기록을 근거로 삼국 시대 이전인 삼한 시대에 콩이 재배되었을 거라고 추측하고 있어.

부여와 고구려의 땅이었던 만주는 위도와 해발 고도가 높은 지역으로 땅이 거칠어. 그렇기 때문에 벼 같은 논 작물보다는 콩과 조, 수수와 같은 밭작물을 재배해야 했지.

또 산악 지대라는 지형적 특성상 목축이 쉽지 않았기에 단백질 공급원인 고기가 귀했어. 그럼에도 말을 타고 전력 질주하며 전쟁에서 승리할 수 있었던 힘은 콩에서 나온 거야. 거친 땅에서도 잘 자라는 콩은 부족하기 쉬운 단백질의 주요 공급원이었지.

전쟁에 나서는 고구려인들의 대표적 먹거리는 삶은 콩이었어. 말안장 밑에 두었던 삶은 콩이 사람과 말의 체온으로 발효되어 병사들의 식량이 되었는데 이것을 청국장의 시초로 보고 있어.

우리나라는 콩을 재료로 하는 음식이 발달한 나라야. 쌀, 보리와 함께 밥에 섞어 먹기도 하고 콩으로 쑨 메주를 발효시켜 간장, 된장, 고추장도 만들었지. 이렇게 만든 장은 여러 음식에 두루 쓰여 우리 민족의 건강을 지켰어.

콩 성분 중 단백질의 소화를 방해하는 요소가 있어. 그래서 콩을 생으로 먹으면 설사나 가스가 차는 증상이 나타날 수 있어. 우리 조상들은 이런 콩의 성질을 알고 발효라는 과정을 통해 더 건강한 음식으로 만들어 먹었지.

콩은 달걀, 우유와 함께 영양분이 풍부한 완전식품으로 분류해. 더구나 칼로리가 높지 않으면서 포만감이 뛰어나 다이어트 음식으로 인기를 끌고 있어. 단백질이 풍부하기 때문에 미래 식량으로 촉망받고 있다는 것도 잊지 마.

참, 선이가 콩으로 만든 맛있는 요리를 소개해 준다고 해. 오늘은 어떤 음식이 우리를 기다리고 있을까?

춘장의 재료가 콩이래요!

"어미야, 저녁에 짜장면 먹을까?"

"정말요?"

할머니 말에 놀란 건 선이였다. 삼시 세끼 밥을 먹는 할머니였기 때문이다.

"우리 나이 때는 짜장면이 추억이거든."

"짜장면이 어떻게 추억이 돼요?"

선이가 되묻자 엄마가 나섰다.

"엄마가 어릴 때는 짜장면이 비싸서 자주 먹을 수 없었어. 졸업식이나 입학식 아니면 시험을 잘 봤을 때 먹을 수 있는 음식이었거든. 가만 보자. 냉장고에 춘장이 있을 텐데."

엄마가 냉장고를 뒤적이며 까만 춘장을 찾았다.

"엄마, 춘장은 왜 까매?"

"중국식 된장에 캐러멜을 섞어서 그렇지."

"춘장이 중국 된장이었다고? 콩으로 만든 그 된장?"

"맞아, 우리나라 된장과는 다르지만 춘장도 콩으로 만들거든."

"춘장에 콩이 들어 있다니. 짜장면을 먹으면서 콩 맛을 느껴 본 적이 없는데. 신기하네. 그럼 짜장면도 중국 요리겠네?"

"짜장면은 우리나라에서 시작된 중국 요리란다."

할머니가 말했다.

"할미 어릴 때 짜장면이 처음 만들어졌다는데 그땐 짜장면이 있는지도 몰랐어. 워낙 어렵게 살던 때였거든."

"짜장면은 언제부터 먹었어?"

선이의 질문에 엄마가 대답했다.

"음, 그게 1882년 임오군란 이후였다고 해. 구식 군대라는 말 들어 본 적 있니?"

"구식 군대면 별기군 때문에 차별받던 군대 아닌가?"

"맞아, 조선은 1876년에 일본과 맺은 강화도 조약 이후 개화 정책을 추진했어. 개화란 낡은 문물이나 생각을 새롭게 바꾼다는 뜻으로 중국과 일본의 근대 문물을 받아들여 잘사는 나라가 되려는 정책이었지. 조선 정부는 군대를 개선하자는 취지로 신식 군대인 별기군을 만들었어. 별기군은 소총과 같은 신식 무기로 무장하고 일본 교관으로부터 훈련을 받으며 구식 군인들보다 월급도 많았어. 이런저런 차별이 구식 군대의 사기를 떨어뜨렸지. 더

욱이 구식 군대의 월급이 3개월치나 밀리면서 불만이 극에 달했지. 그런데 웬일이니. 조선 정부에서 구식 군대에게 밀린 월급을 준다는 기별이 온 거야. 구식 군인들은 뛸 듯이 기뻤어. 배고픔에 지쳐 있던 가족들에게 쌀밥을 먹일 생각에 들떴지. 그런데 앞서 쌀을 받은 구식 군인이 쌀을 확인하다 쌀자루를 집어 던졌어."

"에구머니. 아까운 쌀을 어쩌누."

할머니가 걱정했다.

"나 그거 알아. 할머니, 구식 군인이 받은 쌀에 모래와 쌀겨가 너무 많이 섞여 있었기 때문이에요."

"맞아, 화가 난 구식 군인들은 관아를 습격해 무기를 탈취했어. 그리고는 개화의 중심에 당시 왕비였던 민비가 있다고 판단했어. 구식 군인들은 민비에게 화가 나 관리들의 집과 일본 공사관에 불을 지르며 궁궐로 향했어. 구식 군인들이 궁궐로 향한다는 소식에 민비는 신변의 위협을 느끼고 궁궐을 빠져나왔지. 그리고 청나라에 반란군을 진압해 달라고 요청했어."

"와, 이건 아니다. 어떻게 청나라에 도움을 요청해? 그래서 청나라가 조선에 들어왔어?"

"응, 청나라는 3천여 명의 군대를 파견해 구식 군인들을 진압

했지. 그리고 진압을 구실로 자신들에게 유리한 조약을 맺도록 강요했어. 당시 힘이 없었던 조선은 청나라의 요구를 들어줄 수밖에 없었어."

"흥, 왜 조선은 맨날 당하기만 할까?"

"안타까운 일이지만 우리의 역사야. 이러한 역사를 통해 부강한 나라를 만들어야 한다는 것과 똑같은 실수를 하지 말아야 한다는 것을 알 수 있지."

선이는 엄마 말에 손을 저으며 "오케이, 여기까지."라고 했다. 그래서 역사를 공부해야 한다는 잔소리가 이어질 게 뻔했기 때문이다.

"암튼, 임오군란 이후 청나라 군인들과 함께 들어온 화교들이 지금의 인천 차이나타운에 정착했어. 화교는 본국을 떠나 다른 나라에 정착한 중국인들을 말해. 화교들은 집을 짓고 가게를 열었어. 중국에서 들여온 소금과 곡물을 판매하며 상권을 넓히고 중국에서 즐겨 먹던 작장면을 만들어 팔았어. 작장면은 중국의 된장인 첨면장을 기름에 볶아 삶은 국수를 비벼 먹는 음식이었지. 차이나타운에서 일하던 사람들은 빠른 시간 안에 끼니를 때울 수 있는 작장면을 즐겨 먹었지. 화교들은 차이나타운을 찾는 사람들을 위해 작장면의 맛을 보완했어. 짜고 떫은맛을 없애려고 돼지기름에 첨면장을 볶아 파를 섞어 면 위에 얹었어. 사람들은 개선된 작장면을 더 좋아했지. 차이나타운을 찾은 조선인들도 작장면을 즐겨 먹었어."

"그럼 이참에 국수를 된장에 비벼 볼까?"

할머니 말에 엄마가 웃으며 대답했다. 우리나라의 된장은 맛과 향이 강해서 안 된다고 말이다.

"더군다나 우리 입맛은 이미 춘장의 달달함에 길들여져 있어 춘장이 빠진 짜장면은 짜장면이 아니라고 할 거예요."

"춘장은 언제부터 짜장면의 짝이 됐어?"

선이가 질문했다.

"춘장은 첨면장의 줄임말인 첨장이 변해 춘장이 되었다는 설과 파를 찍어 먹는 장이라는 뜻의 총장(또는 춰옹장)이 변했다는 설이 있어. 작장면이 인기를 끌자 차이나타운에 있는 식당들의 경쟁이 시작됐지. 부유층을 상대로 하는 고급 중식당도 생겼어. 우후죽순으로 생긴 중식당들은 차별화를 위해 노력했어. 춘장의 색이 진할수록 맛있다는 말이 돌면서 설탕을 태워 춘장에 섞는 식당도 있었지. 단맛을 살린 작장면이 한국 사람들의 입맛을 살며 발음이 쉬운 짜장면으로 불리게 된 거야."

"화교들이 즐겨 먹던 작장면이 한국 사람들의 입맛에 맞게 바뀌며 짜장면이 된 셈이로구나."

할머니 말에 엄마가 고개를 끄덕였다.

"화교였던 왕송산은 다양한 시도 끝에 캐러멜을 넣어 진하고 달달한 춘장을 만들어 냈어. 새로운 소스를 만난 짜장면은 사람들을 중식당으로 이끌었고, 식당들은 더 나은 짜장면을 만들기 위해 춘장에 고기와 야채를 볶아 출시했지."

"아하, 이게 춘장이네."

선이는 식탁 위에 있는 춘장을 손가락으로 푹 찍어 맛보았다.

"켁, 너무 짜다. 근데 끝맛은 달달한 것 같기도 하고."

"춘장만으로는 짠맛이 강하지. 여기에 야채와 고기를 볶아서 면을 넣고 비비면 맛있는 짜장면이 되는 거야. 아 참, 빼먹은 이야기가 있네. 화교들이 주로 운영했던 중식당이 정부의 정책으로 인해 변화를 맞았어. 1971년에 외국인에 대한 법이 바뀌면서 많은 화교들이 다시 중국으로 돌아갔지. 그때 한국인들이 중식당을 인수하면서 지금의 짜장면이 이어진 거야."

"짜장면 한 그릇에 담긴 역사가 이렇게 깊을 줄이야."

선이의 말에 할머니가 웃으며 거들었다.

"긴 역사였지만 맛있는 내용이라 다행이구먼. 이야기도 끝났으니 본격적으로 짜장면을 만들어 볼까?"

"네!"

할머니의 제안에 선이와 엄마가 대답했다. 선이는 엄마, 할머니와 함께 재료를 다듬으며 입맛을 다셨다.

세계의 요리

중국의 마파두부

친구들이 기다리던 세계의 요리 시간이 돌아왔어.

콩나물, 두부, 비지, 콩국수, 콩가루, 청국장, 간장, 고추장, 된장의 공통점은 콩이 들어갔다는 거야. 콩은 '밭에서 나는 소고기'라고 할 만큼 단백질이 풍부해. 철분이 많아 피부 노화나 골다공증에도 좋고, 변비에도 효과가 있어 다이어트 식재료로 많이 알려져 있지.

미래 식량의 대안이기도 한 콩은 고기로도 만들어 먹어. 콩으로 만든 고기인 콩고기는 육류와 구분할 수 없을 정도라고 하니 기회가 되는 친구들은 꼭 먹어 보길 바라.

콩으로 만든 요리 중 대표적인 것이 두부야. 두부는 찌개나 구이, 조림으로도 먹을 수 있지. 북한에는 두부를 썰어서 튀긴 다음 속을 갈라 양념된 밥을 넣어 만든 두부 밥이 있다고 해.

오늘 선생님이 소개할 요리는 두부가 주재료인 마파두부야. 마파두부는 중국에서 시작됐어. 고기와 고추, 채소, 굴소스를 기름에 볶아 양념장을 만든 다음 두부와 물을 넣고 걸쭉하게 끓인 음식이 마파두부야. 매운 것이 싫으면 고추를 넣지 않아도 되는데 마파두부의 특징은 원래 매운맛에 있어.

마파두부의 유래는 19세기 청나라로 거슬러 올라가 쓰촨성 청두에 살던 진 씨 부부에서 시작해.

남편 진춘부는 만복교 다리 근처에서 기름 장사를 했어. 아내는 얼굴에 마마 자국이 있어 진마파로 불렸지. 마마 자국은 천연두를 앓았을 때 생기는 흉터를 말해. 남편 친구들은 음식 솜씨가 좋은 진마파의 집을 자주 찾았어.

하루는 남편 친구들이 팔다 남은 고기와 채소를 가져왔어. 진마파는 재료를 보고 고민했지. 늘 먹던 요리 대신 새로운 요리를 하자고 마음먹은 진마파는 집에 있던 두부, 고추와 남편 친구들이 가져온 고기, 채소를 썰었어. 달궈진 팬에 고추를 넣고 기름에 달달 볶자 매운 냄새가 집 안을 메웠어.

완성된 요리를 맛본 남편 친구들은 맛에 감탄했어. 땀을 뻘뻘 흘리면서도 두부 요리에서 손을 뗄 수 없었지.

진마파의 남편이 세상을 떠나고 진마파는 만복교 다리 근처에 밥집을 열었어. 힘든 하루를 마친 인력거꾼이 진마파의 밥집을 찾았어. 피곤에 지쳐 허기만 채울 생각이었던 인력거꾼은 두부 요리의 맛에 깜짝 놀랐어. 혀가 아릴 만큼 매운 맛에 땀이 절로 났어. 한 손으로는 부지런히 밥을 먹고 한 손으로는 흐르는 땀을 닦느라 바빴지. 밥을 다 먹고 난 인력거꾼은 피곤함 대신 개운함이 밀려왔어. 고추의 캡사이신이라는 성분이 피를 잘 돌게 하고 피로를 풀어 주기 때문이었지.

그 뒤로 인력거꾼은 청두를 찾은 손님들이 밥집을 물으면 무조건 진마파의 밥집을 소개했어. 그러다 보니 진마파의 밥집을 찾는 손님들이 많아져 줄을 서야 했지 뭐야.

손님이 늘자 진마파는 청두 시내로 밥집을 옮겼어. 청두는 번화한 곳이라 사람들이 자주 찾는 곳이었지. 사람들은 진마파의 두부 요리를 '마마 자국이 있는 아줌마가 만든 두부'라는 긴 이름 대신 '마파두부'라고 불렀지.

중국을 계급이 없는 사회 체제인 공산주의 국가로 만들기 위해 노력했던 마오쩌둥은 매운 음식을 좋아했어. '매운 것을 먹지 않는 사람은 혁명을 말할 수 없다.'라고 할 만큼 매운 음식을 즐겨 먹었어. 마오쩌둥이 밤낮 없이 이어지는 작전 회의로 폐렴에 걸리자 경호원이 마오쩌둥을 위해 마파두부를 준비했어. 매운 음식을 좋아했던 마오쩌둥은 마파두부를 먹으며 몸을 회복했다고 해.

　마파두부가 세계로 알려진 계기는 2차 세계 대전이었어. 일본에 맞서 싸우던 중국은 충칭으로 수도를 옮겼어. 충칭은 병들고 지친 군인들과 피난민들로 가득했어. 충칭에 살던 사람들은 나라를 지키고자 애쓰는 군인들을 위해 마파두부를 만들어 대접했어. 배가 고팠던 군인들은 허겁지겁 요리를 먹었어. 입안을 감싼 매운 맛에 전쟁의 고통과 긴장을 잠시 잊을 수 있었지. 마파두부 한 그릇을 비운 병사들은 힘을 얻어 다시 싸울 준비를 했어.

　전쟁이 끝난 후 자신의 나라로 돌아간 포로들로 인해 마파두부는 세계로 퍼졌어. 중국을 떠나 다른 나라에 살게 된 화교들도 가족이 그립거나 친구들이 보고 싶을 때 마파두부를 만들면서 그리움을 달랬지.

　마파두부는 세계인들의 입맛에 따라 매운맛은 순해졌지만 고소한 두부의 맛은 변함없지. 친구들도 마파두부의 매콤함을 느껴 보지 않을래?

> 더 알아볼까?

국민 건강을 책임지는 발효 식품

　한국 사람들의 밥상에 빠지지 않는 음식이 김치야. 그리고 된장과 간장, 고추장이 기본 양념으로 들어가는 요리가 발달했지.
　김치와 된장, 간장, 고추장의 공통점을 설명할까 하는데 벌써 눈치챈 건 아니겠지?

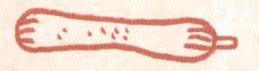

　김치와 된장, 간장, 고추장의 공통점은 발효 식품이란 거야. 발효는 미생물이 자신이 가진 효소를 이용해 유기물을 분해하는 과정을 말하는데 이 물질이 사람에게 유익하면 '발효'라 하고 악취나 유해한 물질이 만들어지면 '부패'라고 해.
　사람들이 발효 식품을 찾는 이유는 우리 몸이 질병과 싸우는 것을 도와주기 때문이야. 그렇다면 우리는 언제부터 발효 식품을 먹었을까?
　발효의 역사를 기록한 문서가 없어 정확하지 않지만 농경 생활을 시작해 남는 곡식을 저장하면서부터가 아닐까 추측하고 있어. 농산물이나 수산물은 상하기 쉬워서 오래 저장할 수 없었어. 지금처럼 냉장 기술이나 보관 기술이 발달하지 않았거든. 사람들은 식재료를 오래 보관하는 방법을 다양하게 찾은 끝에 발효라는 것을 알았을 거야.
　목축을 위해 물과 풀을 따라 옮겨 다니던 유럽 사람들은 부패가 빠른 우유를 발효해 치즈로 만들었어. 우리나라 사람들은 농사로 얻은 콩이 썩는 것을 막기 위해 메주로 만들어 간장과 된장, 고추장을 만들었지. 결국 자연과 더불어 사는 사람들의 지혜가 발효 식품을 만든 셈이야.

　사람들이 발효 식품을 찾는 이유가 건강에 도움을 주기 때문이라는데 정말일까?

　발효 식품이 몸에 좋은 것은 사실이야. 발효를 하는 원재료가 건강에 좋은 음식이거든. 게다가 김치의 재료인 배추와 무, 마늘과 파가 발효되면서 유산균이 나오는데 유산균이 많으면 소화가 잘되고 장속에 나쁜 균이 생기는 것을 막아서 암 발생률을 낮추기도 해.

　또 다른 이유는 발효 이전에 없던 새로운 물질이 생겨. 청국장의 재료가 콩인데 이것이 발효되면서 콩에 없던 폴리감마글루탐산과 레반이라는 끈적끈적한 실 형태의 물질이 생겨. 폴리감마글루탐산은 뼈 성장에 필요한 칼슘의 흡수를 돕고 레반은 혈당을 낮추는 역할을 해서 당뇨병 환자에게 최고로 좋은 음식이지.

　선조들의 지혜로 탄생된 발효 식품을 발전시켜 세계에 널리 알리는 것은 우리 일이란 걸 잊지 않길 바라.

3. 소불고기

뿔에서 똥까지 무엇 하나 버릴 것 없는 소

친구들 안녕! 오늘 소개할 식재료는 노래로 알려 줄게.

"송아지, 송아지, 얼룩송아지. 엄마 소도 얼룩소, 엄마 닮았네."

어릴 때 즐겨 부르던 송아지란 노래야. 역사로 보는 음식의 세계 세 번째 시간은 소고기로 준비했는데 우리는 언제부터 소를 길렀을까?

역사학자들은 소가 가축화된 것을 기원전 7,000~6,000년경 중앙아시아와 서아시아 지역으로 보고 있어. 우리나라는 김해의 패총에서 2,000여 년 전의 소뼈가 발굴되기도 했지.

유럽에서는 우유와 버터, 치즈, 소고기 등의 식품을 얻기 위해 소를 키웠어. 다른 나라에서는 농사를 짓는 데 소를 활용했어. 소의 노동력이 중요했기 때문이야.

농사가 기본이었던 우리나라는 신라 지증왕 때 소를 이용해 밭을 가는 '우경법'을 장려했어. 소가 중요했던 만큼 정월 대보름에 소에게 오곡밥과 나물을 주며 애지중지했지.

교통수단이 발달하지 않았던 시대에는 소를 타고 다니기도 했어. 말은 소식을 전하는 파발마나 장수가 사용했던 터라 평민은 이용할 수 없었거든. 무거운 물건을 옮길 때에도 소를 사용했고 각궁을 만들기도 했어. 각궁은 소의 뿔로 꾸민 활을 말해.

소의 가죽은 지갑이나 구두를 만드는 데 쓰였으며 소똥은 연료로 사용되기도 했어. 소똥은 구하기 쉽고 연기가 곧게 올라가기 때문에 봉화를 올리는 봉수대의 연료에 적합했지.

또한 소고기로 여러 음식을 만들어 먹었지. 오늘은 선이네 집에서 우리나라를 대표하는 소고기 요리를 만든다고 해. 선생님은 벌써 침이 고이는걸. 함께 선이를 만나러 가 볼까?

세계인의 입맛을 사로잡은 고구려의 맥적

"사회 수행 했어?"

하굣길에 정우가 물었다.

"아직, 우리나라의 문화유산이 한두 개여야 말이지."

그때 선이의 휴대 전화가 울렸다.

"선이야, 바빠서 그러는데 마트에 엄마가 부탁해 놓은 소고기가 있어. 그거 갖고 올 수 있지? 할머니 친구 분들이 저녁 드시러 오신다고 했거든. 빨리 와라."

엄마는 선이의 대답도 듣지 않고 전화를 끊었다. 바쁘다는 것은 선이가 막을 수 없는 엄마의 최대 무기였다.

"아으, 숙제는 언제 하냐고!"

선이는 들고 있던 보조 가방을 신경질적으로 휘두르며 정우와 헤어지고는 마트로 향했다.

"불고기 한다고 하시던데. 맛있게 먹어라."

선이는 불고기라는 말에 마음에 일던 짜증이 잠잠해짐을 느꼈다. 양념이 적절히 밴 불고기를 생각하는 것만으로도 입에 침이 고였다. 선이는 서둘러 집으로 향했다.

불고기를 빨리 먹으려면 엄마의 요리를 도와야 했다. 선이는 앞치마를 두르고 엄마 옆에 섰다.

엄마는 소고기를 쟁반에 담아 키친타월로 꾹꾹 누르고 있었다.

"뭐 해?"

"핏물을 제거하는 거야. 이렇게 해야 잡내를 없앨 수 있거든."

"후춧가루나 청주로 고기 잡내를 없앤다고 하지 않았어?"

선이는 엄마가 했던 말을 떠올리며 물었다.

"그렇긴 한데 향신료를 쓴다 하더라도 고기 특유의 잡내를 잡기 위해서는 핏물부터 빼야 해."

"불고기 빨리 먹고 싶다. 근데 엄마, 불고기는 어떻게 붙여진 이름이야?"

"불에 구워 먹는 고기라는 뜻이었는데 시간이 지나면서 소금간만 해서 굽는 고기를 소금구이라고 불렀어. 대신 불고기는 양념해서 익힌 고기로 바뀌었지."

엄마가 큰 그릇에 간장과 설탕, 마늘과 같은 양념을 섞으며 말을 이었다.

"불고기란 단어는 1950년대 이후부터 사용한 것으로 추측하고 있어. 1950년대 이전의 문헌에서 불고기라는 단어를 찾을 수 없기 때문이야."

"5시면 다들 올 텐데 시간 맞출 수 있지?"

현관문이 열리면서 할머니의 목소리가 들렸다. 곧장 주방으로 들어온 할머니는 새끼손가락으로 양념을 찍어 맛보며 단맛이 덜 하다고 했다. 엄마가 배를 강판에 가는 것을 보며 선이가 물었다.

"할머니, 할머니 어릴 때는 불고기를 뭐라고 불렀어요?"

"할미 어릴 때는 고기는커녕 쌀도 부족했던 시절이야. 일본이 우리나라를 강제 점령하고 있던 때라 먹을 만한 건 다 가져갔거든. 아, 고기가 있긴 했구나. 소의 내장이나 허파를 먹었지."

"불쌍해요, 할머니. 광복이 더 빨리 왔어야 했는데."

"광복이 되었어도 소고기를 먹긴 힘들었어. 소가 재산 목록 1호였거든. 6.25전쟁으로 황폐해진 논밭을 갈기 위해 소가 필요했지. 그런 상황에 소를 먹는다는 것은 생각할 수 없었어."

"그럼 불고기는 먹은 지 얼마 안 된 요리예요?"

"그건 아니고."

선이의 질문에 엄마가 대답했다.

"고구려의 맥적을 불고기의 기원으로 본단다. 맥적은 장이나

마늘로 양념한 고기를 꼬챙이에 끼워 숯불에 구워 먹은 음식으로, 맥은 맥족이나 예맥족을 이르는 말이야."

"맥족? 처음 들어 보는데."

선이가 엄마의 설명을 끊으며 말했다. 엄마는 배를 갈아 넣은 양념장에 소고기를 조물조물 버무리며 말했다.

"맥족은 한반도 북부와 중국의 동북부에 살던 민족으로 고구려와 부여에 살던 사람들을 말해. 이들이 즐겨 먹었던 고기를 맥적이라 하는데 이것이 불고기의 원조라 보는 거야. 3세기경 중국 진나라의 『수신기』에 '맥적은 양념이 되어 있어 장에 찍어 먹을 필요가 없다.'라는 기록이 있거든."

"하지만 불고기의 유래를 고구려의 맥적에서 찾는 것이 적절치 않다는 의견들도 있어."

할머니가 엄마의 말끝을 잡아 덧붙였다. 엄마가 양념된 불고기 한 줌을 가열된 팬에 넣었다. '좌르륵' 소리와 함께 고소한 냄새가 선이의 코를 자극했다. 엄마는 고기가 타지 않도록 휘저으며 말을 이었다.

"사냥을 즐겼던 고구려인들은 집에 고기 창고를 만들어 고기를 저장했어. 고구려 안악 3호분 벽화를 보면 확인할 수 있지. 이러한 고구려인들의 육식 습관은 고려 시대의 불교 정책으로 쇠퇴했어. 불교에는 동물을 죽이면 안 된다는 교리가 있거든. 하지만 고려 시대 몽골의 침략 이후 고기를 주로 먹는 몽골인과의 교류가 활발해지면서 맥적이 '설야멱적'이란 이름으로 등장했어."

"불린 당면 있으면 넣을까?"

할머니 말에 엄마는 불려 놓은 당면과 함께 물을 살짝 넣으며 말을 이었다.

"설야멱적은 소고기를 편으로 저며 칼등으로 두드리고 소금과 기름에 재웠다가 꼬챙이에 꿴 음식이야. 이 음식은 몽골족이 많이 머물렀던 개경에서 즐겨 먹었어. 설야멱적의 뜻이 궁금하지?"

그러자 할머니가 설명했다.

"설야멱적은 눈 오는 밤에 찾아 먹는 고기구이로 같은 고기라도 눈 오는 밤에 즐기면 더욱 맛있다는 뜻을 담고 있어. 조선을 대표하는 풍속화가 하면 떠오르는 사람이 있니?"

할머니 물음에 선이가 냉큼 대답했다.

"김홍도요?"

"맞다, 김홍도. 김홍도가 설후야연이란 이름으로 그린 병풍이 있는데 눈이 소복이 쌓인 들판에서 소고기를 구워 먹는 양반들의

모습을 담고 있어."

"조선 시대에도 소고기는 인기 있는 음식이었네요. 할머니, 그런데 설야멱적이 불고기가 된 거예요?"

엄마가 당면이 잘 익도록 냄비 뚜껑을 덮으며 말했다.

"설야멱적이라 불리던 음식이 너비아니로 바뀌었어. 너비아니는 임금님 수라상에 오르던 음식이었어. 1800년대에 쓰인『시의전서』에서 고기를 얇게 저며 양념한 것을 너비아니라 한다는 기록에서 알 수 있지. 너비아니는 상을 차리기 바로 직전에 구워야 해. 미리 구워 놓으면 차갑게 식어 제대로 된 맛을 느낄 수 없거든. 상궁들이 머리를 맞대고 고민한 끝에 찾은 방법이 지금의 불고기야. 이렇게."

엄마가 냄비 뚜껑을 열자 하얀 연기 속에 불고기와 당면이 보글보글 끓었다. 자작자작 끓는 소리와 함께 풍기는 고소한 냄새에 선이의 코가 절로 벌름거렸다. 엄마가 작은 접시에 불고기와 국물을 담아 할머니와 선이에게 주었다.

선이는 국물부터 마셨다. 달달하고 고소한 육수가 입안에서 춤을 추는 듯했다. 부드러운 고기는 입안에서 사르르 녹았다.

"맛있어, 엄마. 정말 최고야."

선이의 얼굴에 웃음꽃이 피었다.

"불고기는 조상들의 지혜로 만들어진 음식이야. 고기를 부드럽게 하기 위해 칼등으로 두드리고, 썰고, 다지고, 기름도 사용하면서 현재 모습을 갖췄지."

엄마의 말을 할머니가 이어받았다.

"불고기는 세계에서도 인정받는 음식이야. 외국인들이 우리나라에 와서 가장 먹고 싶어 하는 음식이기도 하고. 선이야?"

할머니가 선이를 불렀다.

"할미와 엄마의 손맛은 여기까지야. 앞으로 우리나라를 빛낼 음식은 다음 세대인 너희들이 이어 가야 하는 거야. 알겠지?"

할머니의 질문을 받은 선이는 고개를 끄덕이며 말했다.

"맞다. 저 사회 숙제 하러 가요. 엄마랑 할머니가 들려준 불고기 이야기를 발표해야겠어요."

선이가 방으로 들어가다 말고 뒤돌아 말했다.

"그런데 더 먹어도 돼요?"

세계의 요리

미국의 햄버거

이번에는 동그란 빵 사이에 노릇노릇하게 구운 소고기와 채소 그리고 달달한 소스가 더해진 음식이 주인공이야.

벌써 어떤 음식인지 알겠다는 말이 여기저기서 들리는 것 같아.

친구들이 추측한 대로 오늘의 요리는 햄버거가 맞아. 그렇다면 미국의 대표 요리로 알려진 햄버거는 어디서 시작됐을까?

햄버거는 몽골에서 시작됐어. 정확히 말하면 몽골계 기마 민족인 타타르족이지. 타타르족은 중앙아시아의 넓은 초원에서 양과 말을 키우며 살던 유목 민족이야. 이들은 가축에게 먹일 풀을 찾아 말을 타고 초원을 이동하며 살았어. 이동이 잦았기 때문에 불을 피워 요리할 시간과 장소가 마땅치 않았어.

그러던 어느 날, 이동 중이던 타타르족은 '말 위에서 먹을 음식이 없을까?'라는 생각을 하게 됐어. 타타르족은 소를 손질하던 중 질긴 부위를 말안장 아래에 넣었어. 그러고는 긴 여행을 시작했지. 여행 중 배가 고프자 말안장에 넣어 두었던 고기를 꺼내 먹었는데 세상에 웬일이니. 고기가 부드럽게 씹히지 뭐야. 더군다나 말 위에서 먹을 수 있어 편리하기까지 했어. 이후 말안장 아래에 고기를 넣는 방식이 유목민들 사이에 유행하면서 타타르 스테이크라는 이름으로 알려지게 됐지.

타타르 스테이크를 전쟁에 이용한 사람이 칭기즈 칸이야. 유럽까지 세력을 넓혀 몽골 제국을 세운 칭기즈 칸은 전투용 식량으로 타타르 스테이크를 사용했어. 칭기즈 칸의 부대는 말을 타고 날쌔게 이동하며 적을 공격하는 부대였어. 칭기즈 칸의 명령에 따라 말 위에서 타타르 스테이크를 먹으며 달렸어. 요리하는 시간과 먹는 시간이 절약된 칭기즈 칸의 부대를 막을 자가 없었지. 몽골 제국의 영토를 러시아까지 넓힌 쿠빌라이 칸 역시 전투용 식량으로 타타르 스테이크를 먹었어.

몽골의 지배를 받게 된 러시아인들도 타타르 스테이크를 맛보았어. 러시아인들은 타타르 스테이크에 양파와 달걀, 소금으로 양념해 더 맛깔스럽게 탄생시켰지. 러시아인들의 손끝에서 재탄생된 타타르 스테이크는 13세기경 독일의 함부르크로 건너갔어. 하지만 타타르 스테이크를 맛본 독일인들은 두 번 다시 이 요리를 찾지 않았어. 왜냐고? 독일인들에게 익히지 않은 고기는 너무 낯설었거든.

이때 고기를 즐겨 먹던 함부르크의 한 영주가 요리사를 불러 타타르 스테이크를 맛있게 먹을 수 있는 방법을 찾으라고 했어. 요리사는 타타르 스테이크를 불에 굽기로 했지. 노릇노릇하게 구워진 타타르 스테이크의 고소한 냄새와 부드럽고 달달한 맛이 영주의 입맛을 사로잡았어.

영주는 함부르크를 방문하는 사람들에게 타타르 스테이크를 대접했고 맛에 반한 이들은 요리법을 알려 달라고 했어. 그러면서 타타르 스테이크라는 이름이 자연스레 함부르크 스테이크로 불리게 된 거야.

제2차 세계 대전을 겪은 독일인들은 더 나은 삶을 위해 미국으로 떠났어. 이들은 미국에서 함부르크 스테이크를 만들어 팔았어. 미국에서는 햄버거 스테이크라는 이름이 되었지.

햄버거 스테이크가 햄버거가 된 것은 여러 가지 설이 있는데 그중 하나는 1904년에 열린 세인트루이스 만국 박람회에서야. 만국 박람회는 세계 곳곳의 사람들이 몰려와 물건을 사고파는 행사였어. 박람회를 찾은 사람들은 식사하기가 쉽지 않았어. 식당에 빈자리를 찾기도 어려웠고 요리사들 또한 밀려드는 손님을 감당할 수 없었거든.

이때 '빵 속에 스테이크를 끼워 팔면 어떨까?'라는 생각을 한 요리사가 둥근 빵에 스테이크를 끼워 손님에게 주었어. 접시와 포크도 없이 먹어야 하는 상황에 불만을 터트리던 손님들은 배고픔에 햄버거를 먹었고 들고 다니며 먹을 수 있는 햄버거의 편리함에 놀랐어. 이렇게 탄생한 햄버거는 바쁜 미국 사람들에게 폭발적인 인기를 끌었어.

1920년 즈음 문을 연 햄버거 전문점에서 스테이크에 싱싱한 채소를 얹은 햄버거가 등장했어. 햄버거는 미국의 발전과 함께 세계 곳곳으로 뻗어 나갔지. 그리고 마침내 미국의 대표 음식이라는 타이틀까지 갖게 되었어.

햄버거의 탄생기 잘 들었니? 설명 듣느라 고생했으니 친구들이 가장 좋아하는 햄버거를 먹는 시간을 주려고 해. 맛있게 먹고 다음에 보자!

> 더 알아볼까?

소가 내뿜는 메탄가스

사람의 체온은 36.5도야. 우리 몸은 체온을 유지하기 위해 땀을 내서 체온을 내리거나 열을 내는데 지구도 사람처럼 온도 조절을 한다는 것을 알고 있니?

대기 중에는 수증기, 이산화탄소, 오존, 메탄가스 등의 온실 기체들이 어우러져 지구를 따뜻하게 감싸고 있어. 우리는 이것을 온실 효과라고

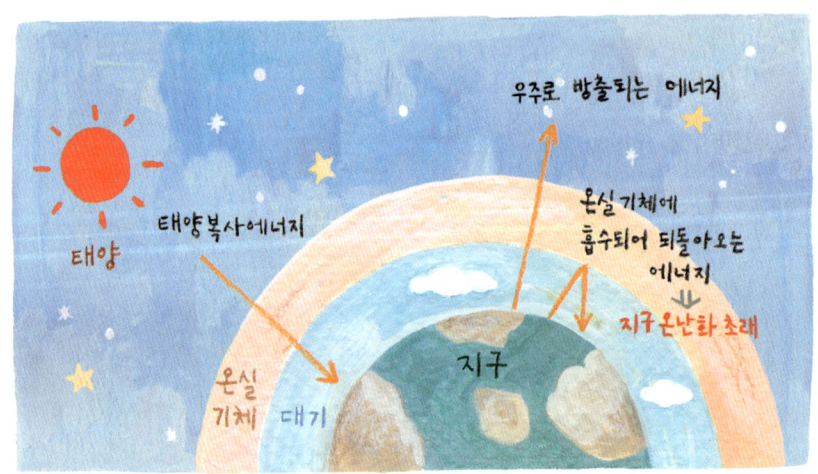

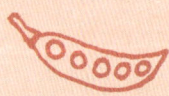

 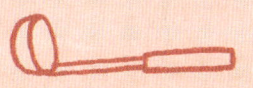    

해. 만약 온실 효과가 없다면 지구에 그 어떤 생물도 살 수 없을 거야. 지표의 온도가 영하로 내려가기 때문이지. 적당량의 온실 기체로 인해 지구의 온도는 우리가 살기 적당하게 유지되고 있어.

그런데 우리가 내뿜는 온실 기체의 양이 많아져 지구의 온도가 상승했어. 이로 인해 폭설이나 집중 호우가 내려 많은 사람들이 집을 잃기도 했지. 그렇다면 지구의 온도를 높이는 온실 기체는 무엇일까?

비행기나 자동차 같은 교통수단과 산업 현장에서 발생되는 매연인 이산화탄소야. 다음은 냉장고나 에어컨을 틀 때 발생하는 프레온 가스 그리고 메탄가스지.

소도 메탄가스의 주범 중 하나로 꼽혀. 소가 시도 때도 없이 '뿡뿡' 방귀를 뀌고 트림할 때 나오는 메탄가스의 양이 어마어마하기 때문이야. 소 한 마리가 1년간 배출하는 메탄가스의 양이 소형차 한 대가 1년간 배출하는 이산화탄소의 양과 비슷하다고 해.

그런데 여기서 중요한 것은 소가 내뿜는 메탄가스의 양이 매년 증가하고 있다는 거야. 왜 그럴까? 이유는 사람들의 육식량이 늘어났기 때

문이지. 매년 소고기와 우유의 소비량이 늘고 있다고 해. 사람들은 더 많은 소고기와 우유를 얻기 위해 나무를 베고 울창한 숲을 망가뜨리며 무분별하게 목장을 만들고 있어.

  소 한 마리를 키우기 위해서는 하루에 쌀 한 가마니 양의 곡물과 수십 명이 먹을 수 있는 물이 필요해. 사람들은 소먹이가 되는 곡물을 재배하기 위해 열대 우림을 깎아 농지로 바꿨어. 숲이 깎여 나가면서 나무가 만들어 내는 산소량이 줄었지. 소가 먹는 많은 양의 물은 지구 사막화에 영향을 미치기도 해.

  그렇다면 우리가 할 수 있는 일이 있을까? 우선 일주일에 하루만이라도 햄버거나 소고기를 멀리한다면 지구가 잠깐이라도 숨을 쉴 수 있을 거야. 오늘부터 소고기 섭취를 줄여 보는 건 어때?

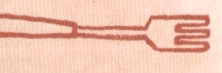

4. 굴비구이

거대한 식량 창고, 바다

오늘은 바다에서 만날 수 있는 재료를 선택했어.

빙하기 끝에 해빙기가 찾아왔고 이때부터 인류는 바다를 통해 다양한 식량을 얻기 시작했어. 지구의 70%를 차지하고 있는 것이 바다이기 때문이야.

인류는 해안가와 강가 근처의 모래사장 그리고 갯벌에서 먹거리를 구했어. 파도와 함께 해안가로 밀려온 조개와 굴, 미역 따위들이었지. 조개나 굴은 별다른 도구 없이 손쉽게 잡을 수 있어 신석기인들이 즐겨 먹었어. 신석기 시대의 유물인 패총이 증거지. 패총은 옛날 사람들이 조개나 굴을 먹고 버린 껍데기가 쌓여 무덤처럼 이루어진 유적으로 조개더미 또는 조개 무덤이라고도 해. 조개 무덤은 우리나라 동해안과 서해안, 남해안에서 많이 발굴됐어.

간혹 조개 무덤에서 고래나 상어와 같은 큰 동물의 뼈를 볼 수 있어. 이것은 고래가 파도와 함께 해안가로 밀려왔거나 인류가 먼 바다로 나아가 고기를 잡았음을 알게 해 주는 흔적이야.

해안가에서는 그물추가 발견되기도 해. 그물추는 그물이 물속에 쉽게 가라앉도록 그물 끝에 매단 돌을 말해. 사람들은 연어나 송어와 같은 물고기들이 알을 낳기 위해 강으로 돌아올 무렵에 끝이 뾰족한 나뭇가지로 고기를 찔러 잡거나 화살을 쏘아 잡았어. 소쿠리나 그물을 이용하기도 했지.

『삼국사기』에는 삼국 시대에 물고기 잡이를 생업으로 하는 사람이 있었다는 기록이 있어. 백제는 교역 품목 중에 해산물이 있었어. 『고려도경』에는 고려 평민들이 수산물을 즐겨 먹었다는 기록을 담고 있는데 이들은 조개, 굴, 새우젓을 좋아했다고 해.

조선 시대에는 다양한 생선들이 상 위에 올랐어. 찬물에 사는 어종이라 동해안에서만 잡을 수 있었던 명태, 몸에 기운을 북돋워 준다는 조기, 서해와 남해에서 주로 잡았던 고등어, 붕어, 갈치 등 셀 수 없을 만큼 많아.

이번 주말에는 선이가 엄마와 함께 영광으로 여행을 간다고 하는데 우리도 함께 가 볼까?

조기에 굴비라는 이름을 지어 준 이자겸

"바다다. 엄마, 저기 봐. 갈매기가 진짜 많아!"

선이의 목소리가 한껏 들떴다. 법성포에 도착한 엄마의 얼굴에도 잔잔한 미소가 흘렀다. 주차를 마친 엄마가 전화를 했다.

"미숙아, 도착했어. 식당으로 갈게."

선이와 엄마가 차에서 내리기도 전에 식당 문이 열리며 빨간 앞치마를 두른 미숙 이모가 나왔다. 고등학교 때부터 친구인 미숙 이모와 엄마는 부둥켜안고 폴짝폴짝 뛰었다.

'뭐야, 애들도 아니면서.'

선이는 그런 엄마의 모습이 낯설었다. 식당으로 들어선 선이는 배가 고팠던 터라 메뉴판을 찾아 두리번거렸다.

"영광에 왔으면 굴비를 먹어야지. 좀만 기다려. 금방 차려 줄게."

미숙 이모의 뒷모습을 보던 선이가 입을 쭉 내밀며 말했다.

"생선 싫은데. 다른 건 없어?"

"먹고 또 달라고 하기 없다. 영광 굴비가 굴비 중에서 최고거든."

엄마 말이 끝나자마자 음식들이 상에 하나둘 놓였다. 굴비찜,

굴비구이, 굴비 조림, 굴비 매운탕, 갖가지 밑반찬으로 상다리가 휘어질 지경이었다.

"이것부터 먹어 봐. 이자겸의 입맛을 사로잡은 굴비구이야."

미숙 이모가 손으로 굴비구이를 발라 선이의 밥 위에 올려 주었다. 선이가 엄마에게 불편한 눈짓을 했지만 엄마마저 먹어 보라고 재촉했다. 마지못해 굴비를 입에 넣은 선이는 생각지도 못한 맛에 깜짝 놀랐다. 짭조름하고 고소한 맛과 쫀쫀한 식감이 아주 좋았다.

"맛있지?"

고개를 끄덕이는 선이를 보며 미숙 이모가 말했다.

"얼마나 맛있으면 귀향 온 이자겸이 임금에게 보냈을까."

선이는 어렴풋이 이자겸에 대해 떠올랐다. 미숙 이모가 자리를 비운 사이 선이가 물었다.

"엄마, 역사책에 나오는 그 이자겸 맞아?"

"응, 고려의 귀족이었던 이자겸은 권력을 독점하기 위해 자신의 딸을 예종에게 시집보냈어. 예종과 왕후 사이에 태어난 인종은 열네 살의 어린 나이에 왕이 되었는데 이자겸은 자신의 셋째, 넷째 딸을 인종과 혼인시켰어."

"엄마, 그래도 되는 거야? 이자겸의 딸이면 인종에게 이모 아닌가?"

선이는 이자겸의 행동을 이해할 수 없었다.

"권력을 잡기 위한 이자겸의 욕심에 딸들이 희생된 거라 볼 수 있지. 결국 이자겸은 인종의 외할아버지이자 장인어른으로 막강한 권력을 휘둘렀어. 이자겸은 자신의 딸들에게 궁에서 일어나는 모든 일을 보고받았어. 그 정보로 자신을 반대하는 이들을 제거해 권력을 더 굳건하게 다졌지."

"그런데 왜 난을 일으켰지?"

선이는 기억 어딘가에 있는 이자겸의 난을 꺼내려 애썼다. 엄마가 굴비 조림을 먹으며 말했다.

"왕이 되려는 욕심 때문이었지. 이자겸의 집에는 권력을 탐하는 수많은 아첨꾼들이 모였어. 관직에 눈먼 사람들이 재물을 들고 이자겸의 집을 찾았지. 이자겸의 집에 재물이 쌓이는 만큼 관직에 오르는 이들이 많았어. 바른 말을 하는 신하들은 이자겸의 눈 밖에 벗어났고 가혹한 세금과 배고픔을 견디지 못하고 고향을 떠나는 백성들이 많아졌어. 이자겸은 신하라는 신분도 잊고 어린 인종마저 자신의 권력 아래 두려 했지."

"욕심이 끝없는 사람이네. 그런데 엄마, 인종을 도와주는 신하는 없었어?"

선이는 손으로 굴비를 바르며 물었다.

"없었어. 이자겸은 자신의 권력을 흔들려는 그 누구도 용서치 않았거든."

"그런데 말이야, 이자겸이 승승장구하며 세상을 호령하는 동안 인종이 성인이 되었단다."

미숙 이모가 엄마 옆에 앉으며 말을 보탰다.

"성인이 된 인종은 이자겸을 제거하기로 결심했어. 이자겸의 횡포를 더 이상 두고 볼 수 없었기 때문이야. 밥 더 줄까?"

미숙 이모가 말을 끊었다. 선이는 밥보다 다음 내용이 더 궁금했다.

"이자겸을 제거했어요? 설마 실패?"

선이가 조심스럽게 묻자 미숙 이모가 고개를 크게 끄덕였다.

"실패했어. 왕실에 이자겸의 사람들이 많았던 탓이야. 인종의 일거수일투족을 감시하던 사람들은 인종의 모든 행동을 이자겸에게 알렸어. 이자겸은 사돈이자 여진족 토벌에 공을 세운 척준경과 함께 궁궐을 공격해 인종을 무릎 꿇게 했어."

"말도 안 돼, 나쁜 놈. 감히 임금을 무릎을 꿇리다니."

선이는 주먹으로 상을 '쾅' 소리 나게 쳤다. 그 바람에 발라 놓았던 굴비 가시가 높이뛰기를 했다.

"조정을 장악한 이자겸은 자신이 왕인 양 모든 일을 처리하고 인종을 서원에 감금했어. 그러던 어느 날 인종은 이자겸과 척준경 사이가 틀어졌다는 소식을 들었어. 인종은 이자겸과 척준경을 이간질하고 척준경의 힘을 이용해 이자겸을 제거하려는 계획을 세웠지."

"우아, 이제 인종의 복수가 시작되는 건가요?"

선이의 들뜬 목소리에 미숙 이모가 미소 지으며 말을 이었다.

"그렇지, 인종을 죽여 왕이 되려는 이자겸의 계획을 전해 들은 척준경은 인종에게 충성을 맹세했어. 인종의 명령을 받은 척준경은 군사를 이끌고 이자겸을 잡아들였어. 인종은 붙잡힌 이자겸을 죽이고 싶었겠지만."

"살린 건 아니죠?"

선이의 입에서 튀어나온 밥알이 굴비 조림 위에 붙었다. 엄마가 밥알을 떼며 말했다.

"그때 이자겸이 죽었다면 굴비라는 이름도 없었겠지?"

"아하, 생각났다. 이자겸이 임금에게 굴비를 선물로 보냈다고 했지."

"선이, 똑똑하네."

미숙 이모가 선이의 머리를 쓰다듬었다.

"인종은 차마 이자겸을 죽이지 못하고 영광으로 유배를 보냈지. 유배 중에 조기를 맛본 이자겸은 그 맛에 반했어. 진귀한 물품이나 지방의 특산물은 임금에게 진상해 왔던 터라 이자겸은 조기를 인종에게 보내기로 마음먹었어. 조기를 앞에 둔 이자겸은 아닐 비(非), 굽히다 굴(屈)의 뜻인 비굴의 글자를 바꿔 굴비라는 이름을 지어 인종에게 보냈어. 선물은 보내지만 비굴하게 살지 않겠다는 거지."

"끝까지 잘났다는 거네요."

"그렇다고 봐야지. 자신의 죄를 뉘우치지 않은 탓인지 모르지만 임금에게 굴비를 진상한 지 얼마 되지 않아 세상을 떠났어."

미숙 이모의 말을 이어 엄마가 말했다.

"그래도 맛있는 음식을 인종에게 보낸 마음만은 진심이려니 생각해야겠지."

"근데 엄마, 영광에서 한양까지면 꽤 먼 거리인데 조기가 상하

지 않았을까?"

"그건 이모가 설명할게. 당시 이자겸이 보낸 것은 꼬들하게 말린 조기였어. 냉장 시설이 없던 시절이라 오래 보관하기 위해 소금 간을 해서 말렸거든. 이때부터 소금으로 간해서 말린 조기를 굴비라고 불렀어. 굴비를 맛본 인종은 식사 때마다 굴비를 올리라고 할 정도로 좋아했다고 해."

"저 원래 생선 싫어하는데 이건 맛있어요. 생선 살이 쫀득쫀득하니 씹는 맛도 좋고요."

선이가 입맛을 다시며 말하자 미숙 이모가 대답했다.

"선이가 영광 굴비 맛을 제대로 표현하는데. 여기까지 오느라 고생했으니 굴비 많이 먹고, 이자겸이 유배 생활을 했던 법성포도 둘러봐야지."

선이는 숟가락 가득 담긴 굴비를 입속으로 넣으며 이자겸이 굴비 먹는 모습을 상상했다. 이자겸이 이렇게 묻는 듯했다.

'이름 잘 지었지?'

세계의 요리

영국의 피시앤칩스

나라마다 국민 음식이라고 불리는 메뉴가 있는데 영국의 국민 음식은 뭘까?

생선과 감자를 튀긴 요리라고 하면 많은 학생들이 알던데. 피시앤칩스라고? 딩동댕!

오늘 선생님이 소개하려는 음식은 피시앤칩스야. 피시앤칩스는 어떤 이유로 영국의 대표 음식이 되었을까?

피시앤칩스는 유대교와 관련이 있어. 유대교에서는 금요일 저녁 해 질 무렵부터 토요일 해 질 녘까지를 안식일이라고 해. 안식일은 노동을 삼가고 가족과 함께 지내는 날이야. 안식일에는 불을 켜지 않기 때문에 안식일 전부터 촛불을 켜고 생선을 튀겨 놓았다가 주말에 먹었어.

17세기 포르투갈에 살던 유대인들에게 엄청난 일이 생겼어. 포르투갈에서 가톨릭 이외의 종교를 믿는 자들을 추방한다고 발표했기 때문이야. 유대인들은 가톨릭으로 종교를 바꾸거나 포르투

갈을 떠나야 했어.

 종교의 자유를 인정하는 영국에 도착한 유대인들에게 안식일이 다가왔어. 유대인들은 습관처럼 생선과 감자를 튀겨 먹었어. 몇몇 유대인들은 생선튀김을 만들어 팔기도 했지.

 식당에서 생선튀김을 맛본 영국인들은 바삭하고 담백한 맛에 빠졌어. 영국에서는 대구나 가자미가 많이 잡혔기 때문에 유대인들처럼 생선을 튀겨 보기로 했어. 일부 영국인들은 유대인들로부터 생선 튀기는 방법을 배우기도 했지.

 시간이 흘러 영국에 산업 혁명이 일어나면서 손으로 만들던 물건들을 기계로 만들었어. 일주일에 하나 만들던 모자를 하루에 몇 백 개씩 만들다 보니 노동자들의 시간은 늘 바쁘게 흘렀지. 여자들과 아이들도 예외 없이 공장으로 내몰렸어. 요리로 노동 시간을 뺏길 수 없었던 이들은 간편하게 먹을 수 있으면서 열량이 높은 음식을 찾았어. 그때였어. 누군가 이렇게 말했지.

 "방직 공장 근처 식당에서 파는 피시앤칩스 먹어 봤니?"

 하나둘씩 식당에 많은 사람들이 모이기 시작했지. 피시앤칩스가 허기진 배를 든든하게 채워 줬거든.

 "맛있다. 색다른 맛이야. 배부르게 먹었는데."

유대인들의 식당은 노동자들의 입소문 덕에 인기를 끌게 됐어.

산업화로 인해 어업 기술이 발전했고 운송 수단의 발달로 생선과 감자가 도시에 싸게 공급됐어. 덕분에 피시앤칩스를 만드는 식당이 늘었고 값도 더 저렴해졌지.

그런데 이때 제2차 세계 대전이 시작됐어. 전쟁 속에 철로와 도로가 끊기고 식량마저 부족했는데 이때 영국인들을 버티게 해 준 것이 피시앤칩스야.

독일은 영국에 무차별 폭격을 퍼부었어. 영국은 힘든 전쟁을 이어 가야 했어. 식량 공급마저 끊기자 영국군은 배급제를 시작했어. 어떠한 경우라도 일정량 이상의 식재료를 구입하는 일이 허락되지 않았지. 그런데 배급제의 영향을 받지 않는 유일한 것이 생선과 감자였어. 감자는 공급량이 많았고 생선은 저장이 쉽지 않아 배급제로 관리할 수 없었거든.

불행 중 다행이랄까. 영국인들은 남아도는 감자와 생선으로 피시앤칩스를 만들어 먹으며 허기진 배를 채울 수 있었어. 만약 감자와 생선 보급마저 원활하지 못했다면 어떻게 됐을까? 영국으로서는 생각하고 싶지 않은 일일 거야.

노르망디 상륙 작전에서도 피시앤칩스가 영국을 지켰어. 이 작전은 1944년 6월 미국과 영국 연합군이 독일 치하에 있던 노르망디에 기습 상륙한 작전인데 이 작전으로 연합군이 파리를 되찾았어. 제2차 세계 대전에서 승리할 수 있는 계기를 마련한 작전이기도 하지.

연합군들이 얽히고설켜 암호가 수시로 바뀌었어. 병사들은 자주 바뀌는 암호로 혼란스러워했어. 그런데 이때 암호를 제대로 기억하지 못한 영국군이 '피시'라고 외치자 반대편에서 '칩스'라고 한 거야.

피시앤칩스를 알고 있었던 영국인이었기에 가능했을 이야기지. 이때부터 영국군이 '피시'라고 외쳤을 때 '칩스'라고 대답하면 아군으로, 엉뚱한 대답을 하면 적군으로 판단했어. 아군과 적군을 판별하는 암호로 사용될 만큼 인기 있는 음식이었으니 피시앤칩스를 영국의 국민 요리라 할 수 있지 않을까?

역사의 고비마다 영국인들의 식탁을 지키며 어려움을 함께했던 피시앤칩스는 전 세계에서도 많은 사랑을 받고 있지.

친구들, 오늘 저녁은 피시앤칩스 어때?

> 더 알아볼까?

생선으로 만든 어간장

음식의 맛을 내는 재료 중 하나가 간장이야. 국이나 찌개를 끓일 때는 국간장을 사용하고, 볶음이나 조림을 할 때에는 진간장을 넣어. 김치를 담글 때는 감칠맛을 내기 위해 액젓을 사용하는데 어간장은 액젓보다 깊은 맛을 내. 우리에게는 낯설게 느껴지는 어간장이지만 남해안이나 중국의 해안 지방, 일본 그리고 동남아 지역에서는 최고의 천연 조미료로 사용하고 있어.

어간장은 어로가 변한 말인데 생선 이슬이라는 뜻을 담고 있어. 3년 이상 발효되면 생선 살이 녹아 액젓이 떨어지는 모양이 이슬 같다고 해서 붙여진 이름이야. 조선 시대에는 궁궐이나 양반집에서만 사용하던 고급 식재료였는데 일제 강점기에 잠시 사라지기도 했어. 왜 하필 일제 강점기냐고?

어간장을 만들기 위해서는 오랜 시간과 정성이 필요한데 일제 강점

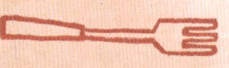

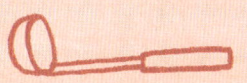

기에는 만들기가 힘들었기 때문이지.

  어간장은 전갱이와 멸치, 고등어 새끼인 고도리 등과 같은 작은 생선을 숙성시켜서 만들어. 생선을 숙성시키기 위해 천일염을 사용하는데 이때 사용되는 천일염은 3년 동안 간수를 뺀 소금을 사용해. 1차 숙성이 끝나면 맑은 액과 가시로 분리되는데 가시와 기름 따위를 거른 후 2차 숙성을 하지. 2차 숙성은 옹기를 사용하는데 1차 숙성에서 걸러 낸 맑은 액젓에 무말랭이와 다시마, 밀감을 넣고 끓인 후 소금으로 농도를

맞춰. 2년여의 숙성 기간을 거친 후 고운 천에 두 번 거르면 완성이지. 이렇게 탄생한 어간장은 여느 간장이 따라올 수 없는 깊은 맛을 낸단다.

생선에서 어간장이 되기까지는 3년이라는 시간이 필요한데 소금을 손질하는 시간을 더하면 6년이라는 시간이 필요한 거야. 이렇게 만든 어간장은 국, 찌개, 무침, 조림 등에 사용해. 식욕을 돋우는 감칠맛이 최고거든. 어떤 사람들은 라면에도 어간장을 넣는다고 해.

어간장은 맛뿐만 아니라 영양 면에서도 진간장이나 액젓과 비교할 수 없는 뛰어난 식재료야. 단백질과 불포화지방산, 유기산이 골고루 들어 있고 유익한 발효균도 많아. 특히 성장기와 노년기에 꼭 필요한 영양소가 많은데 콩으로 만든 간장에 비해 칼슘은 11배, 칼륨은 150배 이상 함유되어 있지.

최근 전통 발효 식품이나 자연 식품에 대한 인식이 높아지며 어간장에 관심을 갖는 사람들이 생겼어. 오랜 시간 정성으로 만들어야 하는 어간장이 더 알려지면 좋겠어.

5. 보쌈김치

'숭'이라 불렸던 배추

오늘 선생님이 준비한 식재료는 채소야. 어떤 채소인지 맞춰 보렴.

'급식에 하루도 빠짐없이 나오는 음식' 하면 무엇이 떠오르니?

친구들이 김치라고 말하는 소리가 선생님 귀에 들리는 것 같은데. 맞았어, 오늘은 김치의 재료가 되는 배추에 대해 알아보려고 해. 배추는 우리나라에 언제 들어왔을까?

배추는 고려 시대에 중국에서 전해졌어. 이때의 배추는 속이 차지 않고 상추처럼 잎이 벌어져 있었지. 우리가 알고 있는 속이 꽉 찬 배추는 조선 후기에 들어온 결구배추야.

역사서에 배추가 등장한 것은 고려 고종 때 만들어진 『향약구급방』이 처음이야. 『향약구급방』은 우리나라에서 자라는 약재로 질병을 치료하는 방법들을 모아 놓은 의학책이지.

『향약구급방』에서는 배추를 채소가 아닌 약초로 분류했고 배추는 '숭'이라 기록했어. '숭'은 겨울에 말라 죽지 않고 추위에도 소나무처럼 잘 견딘다고 하여 붙여진 이름이지. 배추의 또 다른 이름은 '백채'인데 줄기가 하얀 채소라는 뜻이야.

배추는 수분이 많아 변비와 설사에 도움이 되는 약재였어. 몸의 열을 내리고 가슴의 답답함도 없애 주는 데다 비타민과 미네랄, 섬유질까지 풍부해 영양 면에서도 으뜸인 채소지. 겨울철에 부족한 비타민을 보충하기에 배추만 한 것이 없을 정도야.

옛날 사람들은 배추를 겨울에도 먹기 위해 다양한 시도를 했다고 해.

특별한 김치가 먹고 싶은 친구가 있다면 선생님 손을 꼭 잡아. 지금부터 선이네 집으로 보쌈김치를 맛보러 갈 거거든.

왕실 고급 음식이었던 보쌈김치

"엄마, 김치 해?"

선이는 절인 배추를 옆에 두고 문어를 썰고 있는 엄마에게 물었다.

"응, 보쌈김치도 하려고."

선이는 보쌈김치라는 말에 입안에 저절로 침이 고였다. 보쌈김치는 커다란 배춧잎에 문어와 김칫소, 그리고 과일을 보자기처럼 싸서 먹는 음식으로 골라 먹는 재미가 있어 선이가 좋아했다.

"에, 에, 에취!"

재채기가 연거푸 나왔다. 김칫소에 들어갈 재료에 고춧가루를 섞자 매운 냄새가 선이의 코를 자극했다.

"고춧가루 조금만 넣어, 엄마. 맵단 말이야."

선이가 투덜거리거나 말거나 엄마는 장갑 낀 손으로 재료들을 섞으며 말했다.

"고춧가루를 넣어야 맛이 오래가고 쉽게 상하지도 않아."

"그래도 난 고춧가루가 적게 들어간 게 좋던데. 그런데 엄마,

옛날 김치도 지금처럼 매웠어?"

엄마가 절인 배추 하나를 떼서 선이 입에 넣어 주며 말했다.

"아니, 옛날 사람들은 이렇게 소금에 절인 배추를 먹었어. 이름도 소금에 담근 채소라는 뜻의 침채로 불렸지."

"침채? 근데 침채가 어떻게 김치가 됐을까?"

선이가 고개를 갸우뚱거렸다.

"침채는 팀채 혹은 딤채로 발음되었는데 구개음화로 인해 짐치가 되었다가 오늘날의 김치가 된 것으로 추정하고 있어."

"김치를 할 때 배추를 소금에 절이는 이유가 있어?"

선이가 입을 오물거리며 물었다.

"겨울에도 비타민과 미네랄이 풍부한 배추를 먹어야 하는데 보관이 어려웠어. 그래서 배추를 말려 먹었는데 말린 배추는 본래의 맛을 살릴 수 없을 뿐더러 영양소의 손실이 컸어. 이런저런 방법을 찾다가 소금으로 배추를 절이면 한겨울에도 배추를 먹을 수 있다는 것을 알게 된 거지."

"대단하다 엄마. 어떻게 이런 걸 다 알아?"

"요리 연구가로서 이 정도는 기본이지. 채소를 절이기 시작한 시기는 삼국 시대야. 이때부터 채소를 소금이나 술, 식초에 절였는데 이것을 김치의 기원으로 보고 있어."

"할미가 한마디 보태야겠는걸."

할머니가 앞치마를 두른 채 주방으로 오며 말했다.

"절인 배추를 먹던 사람들은 배추의 쓴맛을 없애려 했어. 짤수록 쓴맛이 강했거든. 그래서 절인 배추에 갓이나 부추, 생강이나 파, 마늘 등을 넣었어."

"이렇게요?"

선이가 엄마가 버무리는 양념을 가리키며 말했다.

"그렇지, 양념이 들어간 김치는 쓴맛도 느낄 수 없었을 뿐더러 김치가 익을수록 혀끝에 감칠맛이 느껴졌지."

말을 마친 할머니가 새끼손가락으로 양념을 찍어 맛보았다. 그리고 간이 적당하다고 말하며 냄비에 삶고 있는 돼지고기를 확인했다.

엄마는 골고루 섞은 김치소를 절인 배추 위에 올리며 말했다.

"요렇게 빨간 김치가 된 건 조선 후기에 고추가 들어오면서부터야. 이수광이 쓴 『지봉유설』에 고추를 왜겨자로 불렀다는 기록이 있어."

"왜겨자?"

선이가 되물었다.

"왜국에서 들여왔기 때문에 '왜겨자'라고 불리기도 하고 일본에서 전파되어 '왜개자'로 불렸다는 기록도 있어. 임진왜란 때 일본이 조선인들을 매운 고추로 독살하려고 가져왔다는 말도 있지. 고추가 들어온 이후 조선의 음식에 많은 변화가 생겼어. 매운맛을 내기 위해 사용했던 후추나 산초 대신 고추를 사용했거든. 말린 고추를 곱게 빻아 가루로 만들어 국이나 찌개, 김치에 넣었지."

"김치에 고춧가루를 넣으면서 소금을 줄였어. 간을 맞추기 위해 해산물과 젓갈류를 추가하면서 감칠맛이 살아났지. 고춧가루의 매운맛과 향이 해산물의 비릿함을 제거해 주고 음식이 상하는 것을 늦춰 주어 겨울에도 맛있는 김치를 먹게 되었지."

엄마 말에 이어 할머니가 설명했다. 할머니는 지역마다 특산물이 다른 만큼 지역에 맞는 재료로 김치를 담갔다고 했다.

"오징어가 많이 잡히는 곳은 오징어를 넣고, 갈치가 많이 나는 곳에서는 갈치를 넣어 김치를 담갔단다."

엄마가 잎이 넓적한 배춧잎에 문어와 김칫소를 넣고는 보자기처럼 싸서 선이의 입에 넣어 주었다.

"니무 지!"

선이는 풍선처럼 부풀어 오른 입을 오물거리며 말했다. 입에 든 보쌈김치를 깨물자 사각거리는 배춧잎 속에 부드러운 문어와 매콤한 채소가 퍼지면서 절로 미소가 번졌다.

"하나 더 줘. 엄마, 근데 말이야 보쌈은 언제부터 먹었어?"

선이의 재촉에 엄마가 보쌈을 만들며 말을 이었다.

"보쌈은 조선 시대 때 왕족들이 먹던 궁중 음식이었어. 보쌈김치는 김치 중에서도 가장 고급스러운 김치로 평민들은 보쌈김치를 먹을 수 없었지."

"세상에 이렇게 맛있는 걸 왕족들만 먹었다는 거야?"

선이가 눈을 동그랗게 뜨고 물었다.

"보쌈에 들어가는 재료가 귀했으니까. 그런데 1900년대 일본이 조선의 정치에 개입하면서 궁중 음식이 민가에 퍼졌어."

"어떻게?"

"일본은 임금의 눈과 귀가 되었던 이들을 없애 왕의 힘을 약화시키려 궁녀와 내관들을 내쫓았어. 궁에서 나온 궁녀와 내관들은 숙소나 음식점을 차려 생계를 이었지. 왕실 요리사였던 안순환은 세종로에 명월관이라는 고급 음식점을 차려 왕실을 찾는 손님이나 외국인늘에게 궁궐 음식을 선보였이. 그리고 이때 보쌈김치도

상에 올랐어. 일반 김치와 모양부터 다른 보쌈김치는 음식점을 찾는 이들의 호기심을 자극했어. 어떤 이들은 처음 먹어 보는 보쌈김치의 맛을 잊지 못했고, 또 어떤 이들은 보쌈김치를 헤집으며 재료를 찾는 재미를 느꼈어. 그러다 보니 경성을 찾는 부자들에게 보쌈김치는 꼭 먹어야 하는 음식으로 통했단다."

"궁중에서 탈출하긴 했지만 여전히 부자들만 먹었다는 거네."

"보쌈김치에 각종 해산물과 다양한 과일들이 들어갈 뿐 아니라 만들 때도 손이 많이 가기 때문이었어. 보쌈김치는 개성에서 발달했는데 이유는 개성 지역에서 재배된 배추가 보쌈하기에 적당했기 때문이야. 개성 배추는 통이 크고 잎이 넓어 김칫소를 배춧잎으로 싸기에 안성맞춤이었거든. 보쌈김치가 대중화되기 시작한 것은 1945년 이후부터야."

"그때면 우리나라가 광복을 맞이한 시기지?"

선이의 질문에 엄마가 고개를 끄덕였다.

"맞아, 김장으로 고생한 사람들을 위로하거나 겨울철 부족한 영양을 보충하기 위해서 다 같이 모여 삶은 돼지고기를 갓 담근 김치와 함께 먹었단다. 김장하는 날에 보쌈김치를 먹는 풍습이 생긴 거지."

"아하, 보쌈김치가 그렇게 퍼진 거구나. 으음, 냄새 때문에 배가 더 고파."

끓는 냄비에서 나오는 고기 향이 집안을 가득 메웠다. 할머니가 냄비에서 고기를 꺼내 썰며 말했다.

"이전의 보쌈김치는 김칫소를 잎이 넓은 배추에 보자기처럼 싸서 만드느라 손이 많이 갔어. 점차 손이 많이 가지 않도록 지금처럼 수육과 함께 먹는 보쌈으로 바뀌었지."

할머니가 얇게 썬 돼지고기와 절인 배추, 김칫소를 그릇에 담아 선이 앞에 내려놓았다. 그러고는 돼지고기 위에 김칫소를 얹어 선이 입에 넣어 주었다.

"맛나지?"

선이는 고개가 절로 끄덕여졌다. 매콤한 김칫소와 부드러운 고기의 조합은 최고였다.

할머니가 엄마 입에도 보쌈을 넣어 주었다.

선이는 할머니와 엄마를 재촉해 식탁에 앉으며 말했다.

"빨리 먹어요, 빨리."

보쌈이 들어간 선이 입이 풍선처럼 부풀어 올랐다.

세계의 요리
독일의 사우어크라우트

안녕 친구들!

오늘은 우리나라의 김치만큼이나 저장성이 좋고 영양도 풍부한 독일식 김치인 사우어크라우트를 소개하려고 해.

사우어크라우트는 독일말로 '시다'라는 뜻의 사우어(Sauer)와 '양배추'를 뜻하는 크라우트(kraut)가 결합된 것으로 신맛 나는 양배추 요리야. 양배추를 얇게 썰어서 발효시킨 음식이라 톡 쏘는 신맛이 일품인 요리로 소시지나 베이컨을 먹을 때 꼭 필요한 요리지.

사우어크라우트는 중국식 피클인 쏸차이에서 만들어진 음식이야. 쏸차이는 중국 동북방 지역에서 전해지는 만주족의 전통 음식인데 소금에 절인 무나 배추를 발효시켜 만들었어. 쏸차이는 13세기경에 유럽으로 진출한 몽골인들에 의해 전파되었어. 쏸차이의 새콤한 맛이 고기와 만나면 고기 특유의 느끼함이나 냄새를 잡아 줬거든.

독일인들은 쏸차이의 맛을 잊을 수 없었지. 그래서 독일로 돌아가 중국의 배추와 비슷한 양배추로 쏸차이 맛을 내려고 노력했어. 그리고 마침내 16세기에 접어들면서 양배추를 발효시키는 데 성공해 요리로 탄생시켰어.

독일인들은 이 음식에 사우어크라우트라는 이름을 붙였어. 이후 사우어크라우트는 한국의 김치처럼 독일인들의 식탁에서 중요한 위치를 차지하며 독일을 상징하는 요리가 된 거야. 이제 유럽에서는 쏸차이보다 사우어크라우트를 많이 찾지. 영국과 프랑스를 비롯해 미국에서도 많은 사람들이 사우어크라우트를 먹는단다.

그런데 말이야, 사우어크라우트가 독일인들에게 사랑받을 수밖에 없는 이유가 또 있어. 무슨 이유인지 궁금하다고?

사우어크라우트의 주재료인 양배추가 군인들에게 꼭 필요한 채소였기 때문이야. 양배추는 원기를 북돋아 주고 마음을 침착하게 해 주며 피로 회복에도 좋은 채소야. 위와 장 건강에도 좋은 데다 항바이러스 성분이 있어 급할 때는 소염제로도 사용할 수 있어 군대에서 구급약품으로 사용하기도 했어.

제1차 세계 대전과 제2차 세계 대전 때에도 독일 군인들은 사우어크라우트를 먹었어. 그런데 독일군과 싸우던 영국과 미국 군인들은 자신들이 먹는 음식이 독일의 음식이라는 것에 반감을 가졌지 뭐야. 적군의 음식을 먹는 것이 마땅치 않았던 거지. 그러다 보니 사우어크라우트를 버리거나 손조차 대지 않을 만큼 독일 음식에 대한 반감이 퍼졌어.

그러나 반찬으로 나온 사우어크라우트를 계속해서 버리기란 쉽지 않았단다. 맛도 좋았지만 군인들이 양배추의 효능을 잘 알고 있었기 때문이지. 영국과 미국의 군인들은 사우어크라우트를 거부하는 대신 새로운 이름을 붙이기로 했어.

고민 끝에 그들이 선택한 이름은 자유 양배추 절임(Liberty Cabbage)이야. 사우어크라우트뿐만 아니라 독일과 관련된 것에는 모조리 자유라는 글자를 넣기도 했단다.

설명은 여기까지 하고 지금부터는 사우어크라우트를 만들어 볼 거야. 재료는 양배추와 소금이면 돼. 재료가 단순한 만큼 만드는 것도 아주 쉽지. 양배추의 겉잎은 떼서 따로 둘 거야. 절인 뒤에 공기가 통하지 않게 겉잎으로 막을 거거든.

양배추는 반으로 자르고 안에 심지도 잘라 줘. 잠깐, 심지를 자를 땐 조심해야 해. 심지가 딱딱해 손을 다칠 수 있거든.

지금부턴 양배추를 썰 거야. 채 썰듯 총총 썰면 돼. 썬 양배추를 그릇에 담고 그 위에 소금을 뿌려. 이제 비닐장갑을 끼고 양배추를 빠닥빠닥 문지를 거야. 양배추가 흐물거릴 때까지 비비고 문질러야 해. 제대로 하고 있는지 알 수 있는 방법은 수분량을 확인하는 거야. 문지를수록 수분이 많이 나오거든.

이제 통에 양배추를 담고 양배추 겉잎으로 감싸 주면 끝이란다. 참, 뚜껑을 단단히 닫아 줘야 해. 실온에서 3일 내지 4일 정도 지나면 사우어크라우트를 먹을 수 있어.

오늘 이야기는 여기까지야. 친구들이 만든 사우어크라우트를 맛볼 수 있는 날을 기대하며 선생님은 물러갑니다.

더 알아볼까?

배고픔을 해결한 채소들

    길쭉한 몸에 노란 속살을 감추기 위해 보라색 옷을 입고 있는 나는 비타민과 수분, 단백질, 탄수화물이 풍부해 끼니나 간식으로 안성맞춤이야. 찌거나 구울 수 있고 생으로 먹거나 말려서도 먹을 수 있는 나는 먹을 것이 부족할 때 백성들의 허기진 배를 채운 채소 중 하나란다.
    이 정도면 나의 정체를 알 수 있을 것 같은데. 나는 누굴까?
    고구마라고? 딩동댕! 정답이야.
    고구마는 마야, 아즈텍, 잉카 문명을 이루며 살던 사람들이 재배했는데 후추를 찾아 탐험을 떠났던 콜럼버스에 의해 유럽에 전파되었어. 그러나 사람들은 고구마를 좋아하지 않았어. 처음 보는 채소라 선뜻 입에 넣기가 어려웠던 거지. 시간이 흐르고 고구마는 또 다른 탐험가들에 의해 필리핀과 동인도 제도로 전파되었고 인도와 중국을 거쳐 일본에 도착했단다.

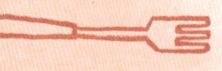

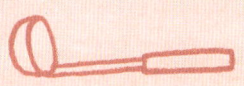

　1732년 흉작으로 기근에 허덕이던 일본 사람들이 고구마를 재배해 먹기 시작했어. 고구마가 가장 인기 있었던 곳은 쓰시마섬(대마도)이었어. 쓰시마섬은 땅이 척박해 계속되는 흉작으로 먹을 것이 부족했거든.

　조선도 식량이 부족해 많은 백성들이 굶주렸어. 먹을 것이 없어지자 백성들은 고향을 떠나기도 했지.

　그러던 1763년 10월, 조엄이 일본 쓰시마섬에 사절단으로 가게 됐어. 조엄은 사절단을 맞이한 관리인으로부터 고구마로 배고픔을 해결할 수 있었다는 말과 거친 땅에서도 수확이 좋다는 말을 듣게 됐어. 조엄은 고구마를 조선에 보냈어. 고구마의 특징과 농사짓는 방법을 적은 편지도 동봉했지.

　조엄의 편지를 받은 동래(부산)의 관리는 쓰시마섬과 기후가 비슷한 절영도에 고구마를 심었어. 그리고 재배에 성공해 많은 고구마를 수확했지. 이후 고구마는 백성들의 굶주림을

해결하는 중요한 먹거리가 되었어.

  고구마와 함께 인류의 먹거리를 책임진 구원 투수가 감자와 옥수수야. 감자는 7,000년경 잉카인의 식량이었는데 신대륙 발견으로 스페인에 의해 유럽으로 퍼졌어. 그런데 유럽인들은 감자를 먹지 않았어. 땅속에서 자라는 데다 울퉁불퉁한 모양의 감자는 성경에 언급되지 않아 악마의 열매라고 불렸기 때문이지. 그러나 거친 땅에서도 잘 자라고 탄수화물이 많다고 알려지면서 유럽에서 인기를 끌게 됐어.

  사람들의 굶주린 배를 해결한 식물이었던 고구마, 감자, 옥수수는 미래를 책임질 새로운 식량 자원으로 떠오르고 있어. 메마른 땅이나 오염 지역에서도 잘 자라기 때문에 비료를 거의 사용하지 않는 친환경 식물이기도 하단다.

  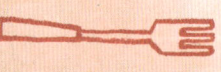  

6. 간고등어

바다의 보리, 고등어

고등어 좋아해?

이번 이야기는 고등어로 시작할 참이야.

고등어는 등이 부풀어 오른 물고기라는 뜻의 고등어 외에 여러 가지 이름이 있어. 생김새가 옛날 칼과 비슷하다고 해서 '고도어(古刀漁)', 어린 고등어는 '고도리', 잡는 순간 배에서 바로 소금으로 절여야 했기 때문에 '뱃자반', 그리고 무늬를 가진 물고기라는 뜻의 '벽문어'라고도 해.

『세종실록』에 고등어가 황해도와 함경도 지방의 특산물이었다는 기록으로 보아 우리 민족은 오래전부터 고등어를 먹었을 것으로 추측하고 있어. 성종 때의 지리서인 『동국여지승람』에서 경상도, 전라도, 강원도, 함경도를 고등어 산지로 기록한 것으로 보아 당시 고등어는 전국에서 잡히는 흔한 생선이었음을 알 수 있지.

고등어는 단백질과 오메가-3 지방산이 많아 건강 보조 식품으로 주목받고 있어. 특히 기억과 학습 능력을 향상시키는 DHA가 많아 뇌 발달에 좋은 생선이지. 고등어와 잘 어울리는 식재료는 무야. 무가 가진 비타민C와 소화 효소 그리고 이소시아라는 성분이 고등어의 비린 맛을 잡아 주거든.

고등어 맛이 가장 좋을 때는 가을이야. 산란을 끝내고 겨울을 나기 위해 왕성한 먹이 활동을 한 가을 고등어는 기름이 가득해 육질이 부드럽고 고소하지.

고등어는 우리나라 바다에서 쉽게 잡을 수 있는 생선이야. 군집을 이루며 이동하기 때문에 많은 양을 잡을 수 있는 데다 맛도 좋아 고등어를 '바다의 보리'라고도 해.

내륙에서는 고등어의 부패를 막기 위해 소금으로 간해서 조리거나 기름에 튀겨 먹어. 갓 잡은 고등어는 회로도 먹을 수 있지. 원래 고등어는 살아 있는 동안 부패한다고 할 정도로 부패 속도가 빠른 생선이라 바닷가에서만 먹는 별미 음식이었어.

오늘 선이네 집에서 준비한 고등어 요리는 무엇일까?

국민 생선 고등어 대령이요!

엄마가 택배 상자를 뜯고 있었다.

"요즘 택배가 많이 오네. 이번에는 누구 거야?"

"선이 주려고 주문했지, 짜잔."

엄마가 상자에서 꺼낸 것은 '안동 간고등어'였다.

"고등어가 왜 내 거야? 엄마 거지."

선이가 뿌루퉁하게 말하자 주방으로 들어온 할머니가 말을 보탰다.

"고등어가 애들한테 얼마나 좋은데. 거 뭐냐, 머리를 좋게 하는 그게 등 푸른 생선에 많대."

"DHA(디에이치에이)요 어머니."

"맞다, 나이 먹는 만큼 잊어버린다더니 내가 그렇구먼."

"고등어는 할머니가 드셔야겠어요, 하하하."

선이의 말에 할머니와 엄마도 함께 웃었다.

"조선 시대에는 고등어가 진상품이었어."

"진상품? 그게 뭐야?"

"임금에게 바치는 물품을 진상품이라고 하는데 오징어, 고등어, 귤 등의 특산물을 공납하는 거지. 공납은 해당 지역의 특산물을 중앙 정부에 바치는 제도야. 중앙에서 지방 관아에 부과하면 지방 관아는 백성들에게 나누어 내게 했어. 그런데 중앙에서 일괄적으로 부과하다 보니 지방의 형편을 고려하지 않는 경우가 많았어. 때문에 날씨나 환경에 따라 특산물이 나지 않거나 부족하면 백성들은 매우 힘들었지."

"예를 들어 강원도의 특산물로 귤을 내라고 하는 거지."

할머니가 선이의 눈높이에 맞는 예를 들어 주었다.

"없다고 하면 되지. 강원도는 귤이 아니라 감자라고 하면 되는 거 아냐?"

선이가 이해할 수 없다는 듯 말했다.

"백성의 말에 귀 기울이는 관리보다 특산물을 가로채는 관리들이 많았어. 때문에 공납으로 살기 어려워진 농민들은 자신이 내야 하는 특산물을 이웃에게 미루거나 도망가기도 했지."

"나빴다, 백성들이 무슨 죄야?"

"백성들만 불쌍한 거지. 공납의 폐단이 심해지자 나라에서는 방납을 선택했어. 방납은 관리나 상인들이 백성을 대신해 특산물을 나라에 바치고 백성에게 대가를 받는 거야. 하지만 기록에 보면 하급 관리나 상인들이 천 배 이상의 이익을 남긴 경우도 있다고 하는데 이것은 5천원에 산 고등어를 5백만 원에 샀다고 거짓말하는 것과 같아."

"기막혀. 관리들이 뭐 그래? 임금님도 나쁘네. 특산물을 꼭 내야 했어?"

"물론이야. 명나라를 섬겼던 조선은 때때로 명나라에 진상품을 바쳤어. 세종대왕은 1429년에 명나라로 가는 사신에게 고등어를 보내야 했어. 명나라가 요청한 품목에 고등어가 있었거든. 세종대왕은 명나라에서 요청한 고등어의 양이 많으니 미리미리 준비하라는 명을 내렸다고 해."

"맛있는 건 알아 가지고."

할머니 말에 엄마와 선이가 웃었다.

"세종대왕 이야기가 나왔으니 말인데. 세종대왕이 고등어를 올린 신하에게 호통친 일화가 있어."

"뭔데 엄마?"

"세종대왕은 생선보다 고기를 좋아했어.『세종실록』에 따르면 고등어가 수라상에 오르자 '처음 나오는 물건이 아니면 진상하지

말라 했는데 어찌 또 올렸는가?'라고 호통을 쳤다는 거야. 놀란 신하가 '고등어가 별미라 올렸습니다.'라고 하자 '진상하는 마음을 탓할 것은 아니지만 내가 하지 말라 한 것을 어긴 것은 잘못이다. 다시는 고등어를 올리지 마라.'라고 했어. 이때부터『세종실록』에서 고등어에 대한 기록이 사라졌지."

"그렇게 맛없진 않은데."

"야채나 생선보다 고기를 좋아했기 때문일 거야. 세종대왕은 고기가 없으면 식사를 하지 않았거든. 때문에 아버지인 태종이 운동도 안 하고 고기만 먹으면 어찌하느냐며 세종의 건강을 걱정했다는 일화가 있지. 그런데 말이야, 당시 진상품으로 올라온 고등어는 건조시킨 고등어였어. 수산물은 상하지 않도록 소금에 절여 바람에 건조해 궁으로 보냈거든. 더욱이 잡히자마자 죽는 고등어는 보관이 어려워 어부들에겐 여간 골칫거리 생선이 아니었단다."

"그렇지. 임금이 있는 한양까지 보내야 했으니 소금을 얼마나 많이 쳤겠냐."

할머니가 맞장구를 쳤다.

"맞아요, 조선 초기에는 염장법이 발달되지 않은 상태라 고등어를 건조시키기가 쉽지 않았을 거예요. 그러다 보니 짠맛이 강했을 테고 수분도 많지 않았을 거예요. 부드러운 고기를 좋아했던 세종대왕에게 뻣뻣한 고등어는 입에 맞지 않았던 거죠."

"건조시킨 고등어라니. 오징어도 아니고. 으으, 비린내가 났을 것 같아."

"그래서 안동에서 맛있게 절인 간고등어가 나온 거지."

선이의 말에 엄마가 대답했다.

"세종대왕이 간고등어를 맛봤다면 어땠을까 싶구나."

할머니가 안타까운 목소리로 말했다.

"아 참, 엄마, 아까 말한 특산물을 언제까지 내야 했어? 조선 시대 내내 그랬던 건 아니지?"

"광해군이 대동법을 시행하면서 방납은 사라졌어. 대동법은 특산물을 쌀로 내게 했던 제도였거든."

"광해군 멋지다. 근데 간고등어는 왜 안동에서 시작된 거야?"

"호호호, 그건 할미가 말해 줄까?"

할머니가 나서자 엄마는 간고등어를 굽겠다고 했다.

"간고등어는 안동 사람들이 즐겨 먹는 생선이야."

"할머니, 안동이 바닷가 근처예요?"

"아니지. 안동은 바닷가와 거리가 멀어 싱싱한 수산물을 접하기 어려운 곳이란다. 그래서 안동의 간고등어가 유명하다고 하면 의아해하는 사람이 많아. 동해안에서 잡은 고등어는 영덕의 강구항(지금의 연안항)에서 달구지에 실어 안동의 장터로 보내졌지. 교통이 발달하지 않은 시대라 고등어가 상하지 않도록 염장 처리를 했어."

"할머니, 염장이면 소금에 절이는 걸 말하는 거죠?"

"그렇긴 한데 배추를 절이듯 푹 절이는 건 아니고, 고등어의 내장을 발라내고 굵은 소금을 대충 뿌려. 이것을 얼간잽이라고도 하는데 얼추 간을 한다는 뜻이야. 고등어는 부패하기 직전에 효소를 뿜어내는데 이 효소가 소금과 어우러져 햇빛과 바람에 자연 숙성되기 때문이지. 소금을 친 고등어는 안동에 도착할 즈음에는 육질이 단단해지고 간이 잘 배었단다."

"고등어에 담긴 과학 이야기 같아요, 할머니."

"그러냐. 간고등어는 안동은 물론 인근 지역의 서민들도 먹었어. 따끈한 밥에 고등어만 있으면 임금님 수라상이 부럽지 않았지. 간고등어는 구워도 맛있지만 김치나 양념을 얹어 조리면 색다른 맛을 즐길 수 있단다."

"우아, 고소한 냄새 나요 할머니."

선이는 주방 가득 고소한 고등어구이 냄새에 절로 침이 고였다. 기름에 노릇노릇하게 구운 고등어가 눈을 자극했고, 김치와 함께 조린 조림의 매콤한 냄새에 코가 벌름거렸다.

"고갈비처럼 하려고 했는데 연탄불이 없다 보니 그 맛이 나려나 모르겠어요, 어머니."

엄마가 석쇠에 얹힌 고등어를 들고 오면서 말했다.

"고등어를 갈비처럼 굽는다는 그 고갈비로구나. 선이야, 어미야, 얼른 먹자. 어떤 음식이든 따뜻할 때 먹어야 맛있지."

할머니가 손가락과 젓가락으로 고갈비를 뜯으며 말했다. 선이는 할머니가 밥 위에 얹어 준 고등어를 먹었다. 적당히 간이 밴 고등어의 고소함이 입안에 퍼졌다.

"맛있다."

한때는 진상품이었던 고등어가 이제는 서민들의 식탁을 책임지고 있다. 선이는 고등어에 담긴 조상들의 슬픔과 기쁨 그리고 지혜를 잊지 말아야겠다고 생각했다.

세계의 요리

일본의 스시

반가워, 친구들!

이번 시간에 선생님이 준비한 것은 일본을 대표하는 생선초밥이야. 일본말로는 스시, 우리나라에서는 초밥이라고 하지. 일본은 아시아의 동쪽에 위치한 나라로 홋카이도, 혼슈, 시코쿠, 규슈라 불리는 4개의 섬으로 연결된 나라야. 바다로 둘러싸인 나라이다 보니 해산물이 풍부하지.

선생님 앞에 초밥이 놓여 있어. 이건 연어 초밥이고, 그 옆에는 광어와 우럭, 고등어 초밥이야. 이중에서 가장 먹고 싶은 초밥은? 고등어라고? 하긴 고등어 초밥은 냉장 기술이 발달하기 전에는 먹을 수 없었지.

초밥이 일본의 대표 음식이 된 사연을 지금부터 시작할게. 귀를 쫑긋 세우고 들었으면 해.

고대 일본인들의 고민은 생선을 오래 보관하는 방법이었어. 당시에는 냉장 시설이 없었거든. 다양한 방법으로 생선 저장 방법을 찾다가 동남아시아의 저장법을 알게 됐어. 동남아시아에서는 생선에 소금을 뿌려 쌀밥과 버무린 다음 나무통이나 항아리에 저장했거든.

일본 사람들은 생선을 빨리 상하게 하는 내장을 제거했어. 그런 다음 깨끗이 씻어 소금을 뿌리고 쌀밥에 버무려 항아리에 담고 입구를 꽉 막았어. 공기가 통하지 못하도록 입구를 무거운 돌로 눌러 놓기도 했지. 공기와의 접촉을 피해야 상하지 않는다는 것을 알게 되었거든. 그러면 자연적으로 숙성된 생선을 먹을 수 있었지. 이렇게 만든 생선을 '나레즈시'라고 하는데 뭉개진 밥은 걷어 내고 생선만 먹는 것이었어.

일본 사람들은 여기서 한걸음 나아가 숙성 시간을 짧게 하면서 밥과 생선을 함께 먹는 방법을 찾았어. 밥을 길고 두껍게 뭉친 후 그 위에 손질한 생선을 길게 얹혔는데 이것을 '나마나레즈시'라고 해. 선생님 앞에 있는 일반적인 초밥을 기차처럼 연결하면 '나마나레즈시'의 모양과 비슷해져.

이쯤에서 나도 연어 초밥 하나를 입에 쏙 넣고! 선생님만 먹어서 미안해.

세월이 흘러 16세기 즈음에 일본 사람들은 생선의 숙성 시간을 더 줄이고 새콤한 맛을 살리려 밥을 식초와 소금에 버무렸어. 그리고 주먹밥 크기로 만든 밥 위에 생선을 적당한 크기로 올렸지. 이것을 '니기리즈시'라고 하는데 에도에서만 먹을 수 있는 생선으로 만든 것이라 '에도마에즈시'라고 하기도 해. 에도는 현재 일본의 수도인 도쿄의 옛 지명이야.

'니기리즈시'를 먹어 본 일본 사람들은 깜짝 놀랐어. 지금까지 먹었던 '나레즈시'나 '나마나레즈시'에서 느꼈던 비릿함이 사라졌거든.

19세기의 어느 날, 에도의 상인이 초밥을 팔기 시작했어. '니기리즈시'에 생선을 날것 그대로 사용해서 특유의 생선 비린내가 났어. 그래서 상인은 고추냉이를 섞은 간장을 함께 내놓았어. 고추냉이의 매운맛이 생선 비린내를 잡아 주었어. 상인이 만든 생선초밥이 오늘날 우리가 먹는 생선초밥의 원조인 셈이지.

상인은 조미된 밥을 한입 크기로 만든 후 생선 한 조각을 얹어 고추냉이를 섞은 간장과 함께 팔았어. 판매를 시작한 초밥은 순식간에 에도 사람들의 입맛을 사로잡았어.

에도에서만 팔던 '에도마에즈시'가 일본 전역으로 퍼지는 사건이 발생했어. 1923년 9월 1일, 도쿄를 포함한 간토 지역에서 지진이 일어났어. 5분 간격으로 세 차례에 걸쳐 일어났는데 강도 7.9 이상의 엄청난 지진이었어. 이 일로 간토를 비롯한 일본 정부가 마비되었고 계엄령까지 선포됐지. 계엄령은 국가가 비상사태에 빠졌을 때 군사권을 발동해 치안을 유지하려는 명령이야.

지진 피해 지역에 화재까지 일어나며 건물이 불타고 많은 사람들이 죽거나 다쳤어. 지진 이후 수도를 옮기자는 주장이 나올 만큼 위기 상황이 이어졌지. 에도에서 음식점을 하던 상인들은 고향으로 흩어졌어. 그리고 다시 안정을 찾으면서 일본 곳곳에 '에도마에즈시'가 등장했어.

초밥은 전 세계적으로 많은 사랑을 받고 있어. 다양한 생선과 각 나라에 맞는 메뉴로 세계인들의 입맛을 사로잡았지. 설명은 여기서 마치고 지금부터는 선생님 앞에 있는 초밥을 제대로 먹을 시간이야. 친구들도 같이 먹을까?

더 알아볼까?

일본의 항구가 된 구룡포

경상북도 포항시 구룡포의 근대 문화 역사 거리는 일제 강점기 때의 모습이 남아 있는 곳이야. 일본인 가옥 거리를 거닐다 보면 '일본인가?'라는 생각마저 들 정도지.

일본인들이 구룡포에 정착한 이유는 고등어 때문이야. 고등어를 좋아했던 일본은 고등어가 많이 잡히던 구룡포가 탐났어. 당시 일본에서 고등어는 귀한 생선이었거든.

일본이 구룡포에 관심을 갖기 전까지만 해도 구룡포는 바다로 나가는 어부와 그 가족들이 사는 조용하고 정다운 어촌 마을이었어.

일본은 구룡포를 갖기 위해 조선 정부에 구룡포항를 열도록 압박했어. 큰 배가 정박할 곳이 생기자 일본 어부들이 구룡포로 몰려들어 자신들이 거처할 집을 지었어. 일본의 전통가옥과 음식점, 제과점, 술집 그리고 학교가 들어서며 번화하기 시작했지.

  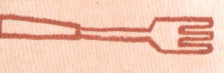  

　일본인들은 하루에 고등어를 2~3천 마리씩 잡아 올렸어. 그러다 보니 구룡포에 고등어 씨가 마를 정도였지. 일본인들은 구룡포에서 잡은 고등어를 모두 일본으로 가져갔어. 부패가 빨라 자반으로 만들기 위해 조선인들을 강제로 동원했지. 남자들은 고등어의 배를 가르고 여자들은 내장을 떼어 냈어.

　하루 종일 쪼그리고 앉아 일해도 손에 쥐는 돈은 쥐꼬리만 했어. 몸이 아파도 쉴 수가 없었어. 일본인들에게 억울한 일을 당해도 하소연할 곳이 없었어. 왜냐고? 나라를 빼앗겼기 때문이야.

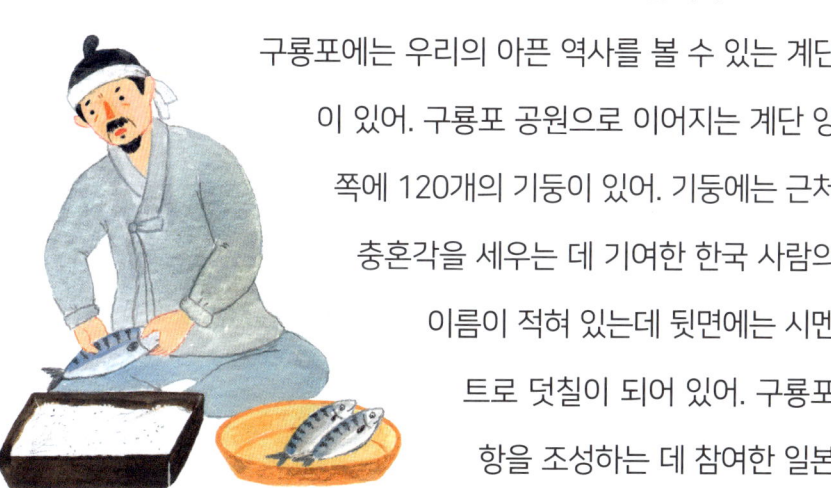

　구룡포에는 우리의 아픈 역사를 볼 수 있는 계단이 있어. 구룡포 공원으로 이어지는 계단 양쪽에 120개의 기둥이 있어. 기둥에는 근처 충혼각을 세우는 데 기여한 한국 사람의 이름이 적혀 있는데 뒷면에는 시멘트로 덧칠이 되어 있어. 구룡포항을 조성하는 데 참여한 일본

 인들의 이름이 새겨져 있었기 때문이야. 광복 후 일본인 이름을 시멘트로 덮어 버리고 돌기둥을 돌려 세운 거지.
 구룡포 근대 문화 역사의 거리를 보며 우리가 잊지 말아야 할 것이 있어. 다시는 그 누구도 우리나라를 함부로 대하지 못하게 해야 한다는 것, 절대 잊지 마!

7. 삼계탕

인류의 오랜 친구, 닭

이번 시간에 선생님이 준비한 식재료는 무엇일까? 퀴즈를 잘 듣고 정답을 맞혀 봐.

오랫동안 인간과 함께했던 동물로 날개는 있지만 하늘을 날 수 없어. 인류의 위대한 식재료로 선정되기도 했지. 빛을 민감하게 인식하기 때문에 오래전부터 새벽을 알리는 알람 시계의 역할을 하기도 했어.

알람 시계의 역할에서 닭이 생각났다고? 빙고!

1년에 600억 마리 이상을 소비할 만큼 인류는 닭의 매력에 푹 빠져 있지. 그렇다면 닭은 언제부터 인간과 함께 생활했을까?

닭의 시초는 붉은야생닭으로 성질이 사납고 동작이 재빨랐어. 식물의 씨앗이나 뿌리, 개구리와 도마뱀, 곤충 등을 잡아먹으며 살았지. 붉은야생닭은 5,000년 전에 동남아시아 지역인 베트남, 미얀마, 인도 동부 등지에서 가축화되었어. 닭을 키워 달걀을 얻거나 특별한 날은 요리해 먹었지. 가축화된 닭은 야생에서 살 때보다 몸집이 커져 고기의 양도 많고 육질도 부드러워졌어.

닭은 사람들의 이동 경로를 따라 전파되었어. 우리나라에 닭이 들어온 것은 고대 즈음으로 추정해. 박혁거세가 알에서 태어났다는 신라의 건국 신화와 신라의 탈해왕이 닭 울음소리를 듣고 태어났다는 삼국유사의 기록으로 확인할 수 있어.

1973년에 신라 시대의 고분인 천마총에서 달걀이 출토되기도 했어. 당시 닭을 길렀다는 기록은 없지만 달걀이 귀한 물건이라 왕릉에 묻혔음을 추측할 수 있지.

조선 시대에는 닭을 길조와 다산의 상징으로 여겨 왕실 마당에서 기르거나 닭 그림을 집 안에 걸었어. 닭 볏이 관직을 의미한다고 믿었기 때문이야.

중요한 날이나 중요한 손님에게는 닭 요리를 올리기도 했어. 또한 더위를 이기기 위해 보양식으로 먹었는데 복날마다 닭을 찾은 이유가 무엇일까?

삼계탕이 아니라 계삼탕이라고?

"선이야, 주말 약속 잊지 않았지?"

"무슨 약속?"

"경로당에 삼계탕 봉사 있다고 했잖아. 음식하려면 장도 봐야 하는데 오늘 학원 안 가지?"

선이는 얼떨결에 엄마를 따라 마트로 향했다.

"왜 하필 삼계탕이야? 나는 치킨이 더 맛있는데."

"어르신들에게는 기름에 튀긴 것보다 푹 삶은 닭이 소화가 잘되거든. 참 우리 선이, 복날에 삼계탕 먹는 이유는 알아?"

엄마의 기습 질문이었다.

'지난 사회 시간에 배웠던 것 같은데.'

선이는 수업 시간에 집중하지 못한 것이 후회됐다. 마트를 둘러보던 선이의 눈길이 바닥을 향하자 엄마가 선이의 어깨를 두드렸다.

"엄마도 아는 것만 말하는 건데 뭐. 선이야, 모른다고 기죽을 필요 없어. 잊을 만하면 엄마가 또 말해 주면 되니까."

선이는 엄마의 격려에 움츠렸던 어깨를 폈다. 엄마는 곡식이 있는 곳으로 카트의 방향을 잡았다.

"복날은 음력 6월에서 7월 사이에 초복, 중복, 말복이 되는 날로 가장 더운 때를 말해."

"엄마, 음력은 달력에 작은 글자로 적혀 있는 날짜지?"

"그렇지. 달이 지구 둘레를 한 바퀴 도는 데 걸리는 시간을 한 달로 삼아 만든 달력을 음력이라고 해. 복날의 '복(伏)'이라는 한자는 사람이 개처럼 납작 엎드려 있는 형상을 따서 만들어졌어. 가을의 기운이 내려오다가 가시지 않은 더위에 눌려 기세를 펴지 못한다는 의미를 담고 있어."

"복날을 굳이 세 번으로 나눈 이유가 있는 거야?"

"좋은 질문이긴 하지만 선이의 질문에 명확한 답을 해 줄 수 없어. 초복, 중복, 말복으로 나눈 이유나 유래가 명확하지 않거든. 하지만 삼복은 중국에서 전해진 것으로 진나라의 덕공이 음력 6월에서 7월에 제사를 세 번 지냈다는 기록이 『동국세시기』에 남아 있어. 제사를 지낸 후에는 신하들에게 고기를 나누어 주었다고 해. 최남선이 지은 『조선상식』에는 복날을 서기제복이라고 표현했는데 더위를 피하지 말고 꺾으라는 말이야."

"엄마, 더위를 어떻게 꺾어?"

"삼복더위에 지치지 말고 더위를 정복하라는 뜻이지."

"더위를 정복하려면 건강에 좋은 음식을 먹어야 한다, 맞지?"

엄마와 선이가 웃으며 도착한 곡식 판매대에는 찹쌀을 사려는 사람들로 붐볐다.

"찹쌀은 소화를 돕고 피로 회복에 도움을 주는 식재료야. 삼계탕에 들어가는 첫 번째 재료인 찹쌀을 샀으니 이젠 삼과 대추를 사러 가야지."

선이는 엄마를 따라가며 물었다.

"아! 삼이 들어가서 삼계탕인가?"

"빙고. 여름철의 무더위는 체력을 떨어뜨리고 사람을 무기력하게 만들어. 이때 보양 음식이 필요한데 보양은 몸을 보호하여 건강을 돌본다는 뜻이지. 대표적인 보양 식재료는 삼인데 간과 심장, 폐, 위, 대장, 소장을 보호하고 병균으로부터 몸을 보호해. 삼과 함께 삼계탕에 들어가는 재료로는 대추, 마늘, 각종 약재가 있는데 닭의 잡내를 제거하고 몸에 이로운 작용을 하는 것들이야. 이번엔 닭을 보러 갈까?"

닭 판매대에 도착한 엄마는 삼계탕에 들어갈 닭을 찾았다.

"닭도 종류가 있어?"

"삼계탕에 사용하는 닭은 영계야. 알을 낳지 않은 어린 닭이란 뜻으로 '약병아리'라고 하기도 해."

큰 닭을 가리키던 엄마는 이런 닭은 푹 삶아 먹는 백숙용이라고 했다. 삼계탕에 사용하는 영계는 닭 한 마리를 한 사람이 먹기 때문에 닭이 가진 영양분을 고루 섭취할 수 있다는 말에 선이의 고개가 절로 끄덕여졌다. 선이도 삼계탕을 먹을 때는 늘 닭 한 마리를 먹었기 때문이다.

"백숙은 인조 임금과 관련이 있어. 광해군을 몰아낸 후 왕의 자리에 오른 임금이 인조야. 인조는 반정을 일으킨 신하들에게 높은 관직을 내렸지. 그런데 공을 제대로 인정받지 못한 이괄이 난을 일으키며 조선과 후금의 사이가 조금씩 틀어졌어. 더군다나 인조는 명나라와 친하게 지내면서 후금을 멀리하는 정책을 펼쳤지. 힘을 키운 후금은 나라의 이름을 청으로 바꾸고 조선에게 신하의 나라가 될 것을 강요했어. 조선이 거절하자 청의 황제가 직접 10만 대군을 이끌고 쳐들어 왔고 인조는 남한산성으로 피했지."

"임금이 백성을 버리고 도망간 거네."

선이의 말에 고개를 끄덕이던 엄마가 말을 이었다.

"한겨울의 추위를 이겨 내며 청의 공격을 막아내려 했으나 역부족이었어. 인조는 항복을 선택했지. 이때 인조의 음식을 담당했던 대령숙수가 마지막 남은 닭으로 백숙을 만들어 대접했다고 해. 백숙을 받아 든 인조는 굶는 군사들과 신하들 생각에 차마 음식을 먹을 수 없었는데 신하의 거듭된 권유에 마지못해 다리 하나만 먹었대. 지금도 남한산성 일대에는 백숙을 파는 식당이 아주 많지."

엄마의 긴 이야기를 듣고 있던 선이가 물었다.

"백숙에 담긴 이야기가 슬프긴 한데 백숙이랑 삼계탕의 주재료는 닭이야? 삼이야?"

"닭이 주재료지. 그래서 『동국세시기』나 『경도잡지』와 같은 책에는 '계삼탕'이라고 기록되어 있어. 닭의 한자가 계(鷄)인지라 닭을 앞에 놓았던 거지."

"계삼탕? 계 자가 앞에 있어 그런가? 발음이 어려운 거 같아."

"외국인들이 발음하기 어렵다고 해서 삼계탕으로 바꾸었다는 설도 있어. 1950년에 일어난 6.25전쟁 이후 전쟁에 참가했던 국가들의 대사관 직원들과 미군 부대가 우리나라에 머물게 됐어. 전쟁의 피해 복구를 지원하고자 세계 여러 나라에서 한국을 찾는

사람들도 많아졌지. 우리나라는 이들의 방문을 고마워하는 한편 제공할 먹거리가 고민이었어. 당시만 하더라도 외국인들이 한국 음식을 좋아하지 않았기 때문이야. 우리가 즐겨 먹던 된장찌개와 청국장, 비지찌개는 구린내가 난다고 피했고 특별식으로 만든 떡은 고무줄 씹는 것 같다며 손도 대지 않았어. 그나마 다행인 것은 외국인들이 고기를 좋아하는 것이었지. 그런데 외국인들이 좋아하는 불고기를 삼시 세끼 대접할 수는 없었어. 요즘 외국인들이 즐겨 찾는 삼겹살도 당시에는 태백 지방에서만 먹던 음식이라 대중에게 알려지지 않았지."

"아, 그랬구나."

선이가 추임새를 넣었다.

"그런데 이때 대사관 근처의 한 식당에서 계삼탕을 판 거야. 푹 삶은 닭의 부드러운 육질과 고소한 국물이 외국인들의 입맛을 사로잡았어. 발 빠른 상인들은 한국의 특산물인 인삼을 홍보하며 계삼탕이 몸에 좋은 고급 요리라는 인식을 심었지. 계삼탕을 먹은 외국인들은 힘이 솟는 느낌이라며 좋아했다고 해. 그런데 외국인들에게 계삼탕이라는 발음은 쉽지 않았어."

"계삼탕보다는 삼계탕이 쉽긴 하다."

"그렇지, 또 다른 이야기로는 닭이 주된 재료이긴 하지만 인삼을 강조하기 위해 삼을 앞에 넣었다는 설도 있어."

"삼계탕에 얽힌 이야기를 듣다 보니 삼계탕이 머릿속에서 둥둥 떠다니는 것 같아. 집에 빨리 가서 삼계탕 먹자, 엄마."

"그럴까?"

엄마를 따라 계산대로 향하는 선이의 발걸음이 빨라졌다.

세계의 요리
흑인 노예들의 프라이드치킨

안녕 친구들, 오늘 선생님이 선택한 요리는 프라이드치킨이야. 치킨은 남녀노소 모두 즐겨 찾는 인기 많은 요리지.

치킨의 원조라 할 수 있는 프라이드치킨은 닭고기를 조각내 반죽을 입혀 기름에 튀긴 음식이야. 치킨을 씹는 순간 '바사삭' 소리와 함께 고소한 튀김 냄새가 후각을 자극해 치킨으로 향하는 손을 멈출 수 없게 하지.

그럼 지금부터 치킨을 만들어 볼까. 조각난 닭을 우유에 담가 닭의 잡내를 제거하는 것이 먼저야. 그다음에는 소금과 후추로 밑간을 살짝 해야 해. 닭에 간이 밸 동안 치킨 이야기를 계속해 볼까?

전 세계가 반해 버린 치킨은 언제부터 먹었을까?

대답은 미국 남부에 살던 노예들의 삶으로 거슬러 가야 해. 미국에 노예들이 도착한 것은 17세기야.

미국으로 팔려 온 흑인들은 백인들의 노예가 되었어. 이들은 4

년에서 7년 가까이 월급 없이 일해야 했지. 당시 미국은 북부에는 상공업이, 남부에는 농장이 발달하고 있었어. 따뜻한 기후와 비옥한 흙으로 덮인 남부에는 목화 농장이 많았는데 이곳의 노예들은 비참한 삶을 살았어. 하루 종일 고된 노동에 시달렸고 잠시의 휴식도 주어지지 않았어. 게으름을 피울 수도 없었고 아파도 누울 수 없었어. 작업 감독의 채찍이 매순간 노예들을 노리고 있었거든.

이른 아침부터 일하던 노예들은 낮 12시부터 2시까지 하던 일을 멈췄어. 노예들에게 점심시간을 주었던 걸까? 그랬다면 좋았을 테지만 주인과 주인 가족이 먹을 식사를 준비해야 하는 시간이었어.

미국 남부에서 즐겨 먹었던 요리 중 하나가 로스트 치킨이야. 이 요리는 닭의 몸통과 다리를 오븐에 굽는 것이었어. 백인들은 포크와 나이프로 발라먹기 힘든 날개와 발, 목은 먹을 수 없는 부위라 생각했고 이것은 노예들의 몫이 되었어. 먹을 것이 턱없이 부족했던 노예들에게는 소중한 식량이었지.

노예들은 날개와 발을 어떻게 요리할지 고민했어. 오븐도 없었거니와 만약 주인집의 오븐을 쓸 수 있다 해도 이들 부위는 살이 없어 구워 먹기 어려웠어. 삶아 먹자니 뼈가 많아 번거롭기만 했고 말이야.

그래서 노예들은 프라이팬에 기름을 붓고 기름이 끓어오르면 밀가루를 살짝 묻힌 닭을 넣었어. '촤르르' 소리와 함께 닭이 익는 냄새가 온 집안을 둘러쌌지.

노예들은 옹기종기 모여 앉아 '바사삭' 소리를 내며 프라이드치킨을 먹었어. 치킨 냄새에 이끌린 백인들은 노예들이 먹는 음식에 절로 군침이 돌았어. 그러나 백인 체면에 노예가 먹는 음식에 손을 뻗을 수는 없었지.

이렇게 해서 탄생된 것이 치킨이야. 백인이 버린 식재료를 먹으려던 노예들의 삶과 슬픔이 녹아든 음식이지. 그래서 치킨을 흑인들의 소울 푸드라고도 해. 고된 삶을 살아야 했던 흑인들의 삶을 버티게 해 준 영혼의 음식이란 뜻이야.

프라이드치킨이 흑인 노예들의 음식이 되었던 또 다른 이유가 있어. 닭이 흑인 노예들에게 제공된 유일한 단백질 공급원이었기 때문이야. 열량이 높은 음식을 먹어야 힘을 내는데 기름에 튀긴 치킨은 노예들에게 꼭 맞는 음식이었던 거지.

노예제가 한창이던 시기에 노예들이 유일하게 키울 수 있는 동물이 닭이었어. 소를 키우려면 초지가 있어야 했고 돼지는 많이 먹기 때문에 먹을 것이 부족했던 노예들은 키울 수 없었지. 그러나 닭은 다른 동물들보다 기르기가 쉬웠고 노예도 키울 수 있도록 허용되었기 때문에 치킨 요리가 발전할 수 있었던 거야.

노예들은 자신들에게 허락된 닭을 소중히 했고 여느 음식보다 맛있게 요리하는 방법을 터득했던 거지. 프라이드치킨을 먹으며 하루의 고됨을 풀어내고 다음 날을 기약했을 거야.

이제 닭에 간이 잘 밴 것 같으니 기름에 튀겨 볼까?

더 알아볼까?

꿩 대신 닭의 유래

'꿩 대신 닭'은 설날 음식에서 유래된 속담이야. 그렇다면 설날은 왜 있는 걸까?

설날은 한 해가 시작되는 새해 새 달의 첫날로 한 해를 잘 보내라는 인사와 덕담을 나누는 날이야. 설날이라는 말은 새해 첫날이 아직 낯설 어 '설다', '낯설다'에서 유래됐다는 설이 있어.

많은 나라가 설날을 명절로 삼고 있는데 아시아 국가들의 설 풍경은 우리나라와 비슷해. 집을 청소하고 새옷을 입고 가족과 친척들이 모여 음식을 나눠 먹으며 복을 빌거든.

중국의 설은 '춘절'이라 하는데 고향을 방문하기 위해 대이동이 시작 돼. 땅이 넓은 중국은 지역마다 먹는 음식이 다른데 북쪽은 복을 준다 는 만두를 먹고, 남쪽은 떡을 먹어. 새해를 기념하며 먹는 떡인데 이것 을 '녠가오'라고 하지. 일본의 설날은 '요소가츠'라고 해. 한 해의 마지막

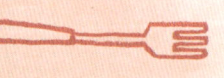

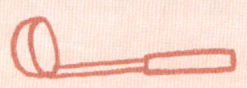

날 밤에 '도시코시소바'라는 메밀국수를 먹으며 새해를 맞이하지. 몽골의 설날은 하얀 달이라는 뜻의 '차강사르'라고 하고 양고기를 넣은 '보츠'라는 만두를 먹어. 베트남의 설은 '뗏'인데 이날은 하늘을 상징하는 '바잉자이', 땅을 상징하는 '바잉쯩'이라는 떡을 먹어. 우리나라에서는 설날 아침에 '떡국'을 먹는데 떡을 넣고 끓인 탕이란 뜻으로 '병탕' 또는 '병갱이탕'이라고도 불렀지.

  떡국은 언제부터 먹기 시작했을까? 아쉽게도 언제부터인지 정확한 기록은 없어. 하지만 조선 시대 세시풍속을 기록한 『동국세시기』에 '섣달 그믐밤에 한 그릇씩 먹었는데 이것을 떡국이라 한다'라는 내용이 있어서 오래전부터 먹었던 음식으로 추측하고 있어.

  오늘날 떡국을 끓일 때는 소뼈를 우려낸 사골이나 멸치 다시마 육수를 사용해. 그러나 농사를 지어 생활하던 농경 사회에서는 노동력을 제공하는 소가 무척 귀한 동물이었어.

 그래서 소뼈나 육수를 사용하기 어려웠지.
 　조선 시대에는 떡국에 꿩을 넣고 끓였다고 해. 꿩고기는 고려 후기 때부터 먹었는데 원나라로부터 전해진 매사냥이 귀족들 사이에 퍼지면서 꿩을 잡아 떡국을 끓였던 거야. 꿩을 삶은 육수에 떡을 넣고 끓인 후 꿩의 살을 고명으로 올린 떡국은 입안에서 사르르 녹을 만큼 맛있는 요리였대.
 　그러나 아쉽게도 평민들은 꿩으로 만든 떡국을 먹을 수 없었어. 평민들에게 꿩은 값비싼 재료인 데다 구하기도 쉽지 않았거든. 고민을 하던 어느 농부의 아내가 집에서 기르던 닭을 삶아 떡국을 끓였어. 꿩만큼 진한 맛이 우러나진 않았지만 꽤 맛이 좋았지. 그래서 생긴 속담이 '꿩 대신 닭'이야.
 　이 속담은 계획에 차질이 생겨 그와 비슷한 것으로 대신하는 경우를 비유하는 말로 쓰이고 있단다.

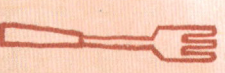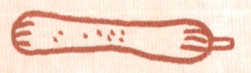

8. 게장

꽃게가 아니라 곶게였대!

친구들 안녕! 오늘의 식재료는 게야. 선생님이 가장 좋아하는 음식이기도 하지.

게는 중국과 조선의 선비들이 즐겨 먹던 음식이었어. 주나라에서는 기원전 7세기부터 11세기 무렵까지 하늘에 바칠 만큼 귀하게 여겼지.

『고려도경』에는 고려의 가난한 백성들이 먹을 것이 없어 해산물을 먹었다는 기록이 있어. 『고려도경』은 송나라 사신이었던 서긍이 1123년에 고려를 다녀간 이후 고려의 실상을 황제에게 보고하기 위해 만든 보고서야. 이 책에는 고려 백성들이 주로 게, 전복, 왕새우 등의 해산물을 먹었고, 꽃게탕을 별미로 즐겼다고 적혀 있어.

사람들이 즐겨 먹었던 또 다른 게 요리가 게장이야. 간장게장은 한약재를 넣고 끓인 간장에 게를 삭힌 음식이지. 게장 하나면 다른 반찬 없이도 밥 한 공기를 뚝딱 비운다고 해서 밥도둑이라고 불러.

그런데 말이지, 서해에서 주로 잡히는 꽃게가 원래는 '곳게'였대.

곳은 꼬챙이의 옛말로 육지에서 바다를 향해 꼬챙이처럼 돌출해 나온 부분을 뜻하는데 곳게라 불린 이유는 꽃게의 생김새 때문이야. 진회색의 등껍질에 짧은 다리와 날카로운 집게발을 가진 게는 등껍질 양쪽이 뾰족하게 튀어나와 가시 모양을 이루고 있거든.

그렇다면 '곳게'가 어떻게 꽃게가 되었을까?

곳게를 요리하면 붉은색으로 변해 꽃게가 되었을 거라는 설과 날카로운 가시가 많다는 의미의 '가시게'가 시간이 지나면서 꽃게가 되었을 거라는 설이 있어.

그러나 이러한 말들은 가설일 뿐 사실이 아니야. 곳이 시간이 흐르면서 자연스레 된소리가 되는 경음화 현상이 일어나 꽃이 된 거야. 곳이 꽃으로, 가마귀는 까마귀로, 곳고리는 꾀꼬리가 되었듯이 말이지.

게장이 한양을 떠들썩하게 한 적이 있다는데 이야기 속으로 들어가 볼까?

영조, 게장으로 경종을 독살했다?

"선이야, 할미가 게장 담가 줄까?"

숟가락을 내려놓는 선이에게 할머니가 말했다.

"게장? 맛은 있는데 할머니 힘들잖아요."

선이는 게장이라는 말에 군침이 돌았지만 손이 많이 가는 음식이란 걸 알기에 선뜻 고개를 끄덕이지 못했다.

"손녀가 먹고 싶다면 그보다 더한 것도 할 수 있지. 며칠 앓아서 그런지 살이 쪽 빠졌구먼."

할머니는 장염 때문에 핼쑥해진 선이에게 입맛이 돌 만한 음식이 필요하다며 엄마를 채근했다.

"엄마, 감도 먹고 싶은데 이따 사다 줄 수 있어?"

"에구, 게장이랑 감은 상극이다. 같이 먹으면 절대 안 돼!"

할머니가 단호하게 말했다.

"할머니 말씀이 맞아. 명나라의 이시진이 지은 『본초강목』이란 책에는 게와 감을 함께 먹으면 복통과 설사가 난다고 되어 있어. 더욱이 영조는 게장과 감으로 형을 독살하고 임금이 되었다는 꼬리표로 재위 내내 곤혹을 치렀어."

"영조의 형이라면……."

선이가 손가락을 꼽으며 태정태세를 중얼거리다가 "경, 경종?"이라고 했다.

"맞아, 숙종과 장옥정의 아들이지."

엄마가 선이의 말을 이어 받았다. 할머니는 엄마가 마트에 다녀올 동안 게장에 쓸 간장을 만들겠다고 했다. 엄마는 서둘러 마트로 향했다.

"할머니도 경종 이야기 알아요?"

선이가 묻자 할머니는 고개를 끄덕이며 냄비에 간장을 부었다.

"알다마다. 경종은 조선의 19대 임금이었던 숙종의 아들이었어. 숙종은 장옥정의 아름다움에 빠져 장옥정을 자신의 후궁으로 삼았어. 그러나 숙종의 어머니는 장옥정을 좋아하지 않았어. 역관의 딸이고, 장옥정의 성품이 좋지 않다는 이유를 들며 궁에서 내쫓기까지 했지. 이후 서인이었던 민유중의 딸을 중전으로 들였는데 바로 인현왕후야. 어진 성품이었던 인현왕후는 숙종이 장옥정을 그리워하는 것을 알고 그녀를 궁으로 불러들였어. 그게 불행의 씨앗이라는 것도 모른 체 말이지. 장옥정은 숙종의 총애를 받으며 왕자 윤을 낳았고 숙종은 윤을 세자로 삼으려 했어. 그러자 노론의 신하들이 반대했어."

"노론이요?"

선이가 물었다.

"당시에는 생각이나 신념이 같은 신하들끼리 서인과 남인으로 나뉘어 있었어. 이들은 자신들의 세력을 유지하기 위해 싸움을 벌이기도 했는데 이때 서인들끼리 의견 충돌이 생겼어. 이것을 붕당이라고 해. 붕(朋)은 한자로 벗이라는 뜻으로 서인이 노론과 소론으로 분열된 것을 말해. 윤을 원자로 삼아서는 안 된다는 노론의 상소가 빗발치자 숙종은 노론의 신하들을 귀양 보내고 조정의 관리를 남인으로 바꿔 버렸어. 그러고는 장옥정을 희빈으로 승격시키고 윤을 세자로 책봉했지. 또한 인현왕후가 아들을 낳은 장희빈을 질투한다는 거짓 소문에 속아 인현왕후를 폐위시켰어."

"세상에, 왕후를 그렇게 내쳐도 되는 거예요?"

"최고 권력을 가진 임금이었으니까. 왕자가 태어나길 기다렸던 왕실과 신하들의 당파 싸움, 그리고 왕후가 되고자 했던 장희빈의 욕심이 보태져 일어난 일이지."

마트에서 돌아온 엄마가 할머니와 함께 흐르는 물에 게를 깨끗이 씻었다.

"인현왕후의 자리를 장희빈이 뺏은 거네."

선이의 말에 엄마가 답했다.

"그러나 장희빈은 그토록 원했던 왕후의 자리에 오래 머물지 못했어. 왕후로서의 자질과 덕이 부족한 데다 질투가 심했거든. 숙종은 인현왕후를 내친 것을 후회했고 무수리였던 최 씨에게 마음을 빼앗겼어. 최 씨가 인현왕후의 건강을 염려하는 모습에 감동했거든. 숙종은 최 씨를 종4품에 달하는 숙원으로 승격시켰지. 서인들은 최숙원을 통해 인현왕후를 다시 왕후로 세우려 했어. 그러나 남인들이 계획을 눈치채고 서인들을 잡아 가뒀어."

"안타깝다. 인현왕후를 내친 것을 후회했다면 좋은 기회였을 텐데."

"숙종도 선이처럼 이때가 기회라 생각했지. 숙종은 남인들을 유배 보내고 서인들을 등용하는 정책을 펼쳤어. 그러고는 인현왕후를 다시 궁궐로 들였지."

선이가 "와아!" 하는 소리와 함께 박수를 쳤다.

"그런데 인현왕후의 행복은 오래가지 않았어. 다시 왕후가 되고 시름시름 앓기 시작했거든. 인현왕후가 세상을 떠나자 슬픔에 잠겨 있던 숙종은 장희빈의 처소에서 인현왕후를 저주하는 도구들을 보게 됐어. 그리고…….”

"설마 궁궐에 무당을 들였다는 그 이야기야?”

선이의 말에 엄마가 고개를 끄덕였다.

"맞아, 궁궐에 들여서는 안 되는 무당을 들이고 신당을 차린 것도 보았지. 인현왕후의 침소에 죽은 새와 쥐 등을 묻어 저주했던 일까지 밝혀지자 숙종은 장희빈에게 사약을 내렸어. 장희빈이 죽고 숙종이 세자 윤을 멀리하자 노론은 최숙원이 낳은 아들인 연잉군을 왕으로 올리려 했어. 한동안 정치와 멀어져 있던 노론들이 움직이기 시작한 거지. 그러나 노론의 방해에도 윤은 무사히 왕위에 올라 조선의 20대 임금인 경종이 되었어.”

"노론이 경종을 그대로 두었을까?”

엄마는 선이의 질문에 고개를 저었다.

"노론은 경종이 몸이 약하고 잔병치레가 많다며 동생인 연잉군을 세제로 책봉하라고 압박했어. 세제는 왕위를 이어받을 왕의 아우를 말하는데 경종에게 아들이 없었기 때문에 동생인 연잉군을 세제로 책봉하라고 했지. 세력이 약했던 경종은 노론의 뜻을 받아 연잉군을 세제로 책봉했어. 그리고 얼마 후 경종의 건강이

악화됐어. 용하다는 의원의 침술과 그 어떤 약재도 듣지 않았지. 몸이 아픈 경종은 입맛까지 잃었단다."

"으으, 아무리 입맛이 없어도 먹고 싶은 게 있지 않았을까?"

"경종이 어릴 때부터 좋아했던 음식이 게장이었어. 아무리 입맛이 없어도 게장에는 밥 한 그릇을 뚝딱 비웠다고 해. 연잉군은 형을 위해 수라간에 게장을 준비하라 했어. 입가심으로는 감을 준비하라 했지. 그리고 그날 저녁, 경종은 게장과 감을 맛있게 먹었다고 해."

할머니가 알맞게 식은 간장을 게를 담은 통에 부었다.

"그런데 경종이 심한 복통을 일으켰어. 어의들은 경종이 먹은 게장과 감이 문제라고 했지. 게장과 감은 한의학에서 함께 먹어서는 안 되는 음식으로 분류한다면서 말이야. 결국 경종은 1724년 8월 25일 승하하고 말았어."

"그럼 연잉군은 어떻게 됐어?"

"경종이 죽자 연잉군이 조선의 21대 임금인 영조로 등극했어. 영조가 왕위에 올랐음에도 게장과 감으로 형을 죽였다는 소문은 가라앉지 않았어. 그리고 이 소문은 영조의 왕권까지 위협했지."

"엄마, 그런데 정말 게장과 감을 같이 먹으면 죽어?"

"꼭 그런 건 아니야. 게와 감이 만나면 몸에 좋지 않지만 이것이 경종이 죽은 직접적인 원인이라고 단정 지을 수 없어. 경종이 건강했다면 다를 수 있다는 주장도 있거든."

이번에는 할머니가 나섰다.

"경종이 식중독으로 죽었다고 하는 이들도 있어. 연잉군이 경종의 수라상에 간장게장을 올린 시기가 8월인데 조선 시대에는 냉장고가 없어 게장은 여름에 피하는 음식이었거든. 때문에 영조가 경종의 죽음에 일조를 했으나 영조는 형을 위해 게장을 올렸을 뿐 죽이려 했다는 건 지나치다는 거지."

선이는 간장을 손가락으로 찍어 입에 댔다. 아직은 짠맛이 강했지만 꽃게 향이 살짝 배어 나온 듯했다.

"이렇게 맛있는 음식에 그런 끔찍한 사연이 있다니……."

선이는 간장을 다시 찍어 먹으며 말했다.

"게장이랑 감은 같이 먹지 말아야지."

선이의 말을 듣고 있던 엄마와 할머니가 마주 보며 웃었다.

세계의 요리

미국의 랍스터

"빵이 아니면 죽음을 달라!"

굶주린 프랑스 시민들이 외쳤어.

"빵 대신 케이크를 먹으면 되잖아!"

왕비였던 마리 앙투아네트가 성난 시민들에게 말했지. 당시 프랑스는 지독한 식량난으로 힘겨운 상황이었는데 마리 앙투아네트의 말은 분노한 시민들이 혁명을 일으키는 계기가 되었어.

그런데 이와 비슷한 일이 미국에서도 일어났어. 굶주린 일꾼들에게 농장 주인이 한 말 때문이었지.

"빵 대신 랍스터야!"

랍스터라는 말에 열받은 일꾼들은 일을 하지 않기로 했지.

선생님이 오늘 소개할 요리는 비싼 가격 때문에 특별한 날에나 먹을 수 있는 랍스터야. 요즘에는 랍스터가 고급 요리에 속하지만 17세기 무렵의 미국에서는 가난을 상징하는 음식이었어.

'바닷가재'라고도 불리는 랍스터는 탱글탱글한 살에 쫄깃한 식감으로 입안을 즐겁게 하지. 그럼 랍스터가 품고 있는 이야기는 무엇일까?

1620년 박해를 받던 청교도인들을 태운 메이플라워호가 영국을 출발했어. 청교도 혁명은 영국 의회를 따랐던 청교도인들과 왕이 중심이 되어야 한다는 왕당파 사이에 일어난 전쟁을 말해. 청교도 혁명이 왕당파의 승리로 돌아가자 청교도인들에게 없는 죄를 뒤집어씌우는 일이 잦아졌어. 견디지 못한 청교도인들은 종교의 자유를 찾아 메이플라워호에 몸을 실었어.

메이플라워호가 도착한 곳은 미국의 매사추세츠주였어. 12월의 혹독한 추위와 배고픔이 청교도인들을 덮쳤고 괴혈병으로 죽는 사람도 많았어. 청교도인들은 인디언으로부터 옥수수 농사를 배우며 미국에서의 험난한 삶을 개척했고 폴리머스로 거처를 옮겼어.

폴리머스에 도착한 청교도인들은 대규모 농장의 일꾼으로 일하게 되었어. 그러나 이른 아침부터 저녁 늦게까지 고되게 일하고 받은 음식은 랍스터였어. 몇 날 며칠에 이어 한 달 두 달이 넘도록 랍스터와 물 외에는 먹을 것이 없었지. 허구한 날 랍스터만 먹다 보니 빵이 그리웠어. 참다못한 일꾼들은 농장 주인을 찾아가 말했어.

"빵을 주시오. 더 이상 랍스터는 먹질 못하겠소."

그러자 농장 주인은 대답했어.

"당신들에게 줄 수 있는 식사는 물과 랍스터뿐이야!"

일꾼들은 발끈했어. 당신도 랍스터만 먹고 살 수 있냐고 항의했지. 그러나 일꾼들에게 돌아온 대답은 랍스터라도 주는 걸 고마워하라는 거였어. 성난 일꾼들은 힘을 합하기로 했어.

다음 날 아침, 농장에 일꾼들이 나타나지 않았어. 농장 주인이 일꾼들의 음식을 개선할 때까지 일하지 않기로 선언한 거지.

그런데 말이야, 농장 주인은 왜 랍스터만 주었을까?

이유는 의외로 간단해. 폴리머스에 랍스터가 많았기 때문이지. 해안가에는 사람보다 랍스터가 더 많았어. 원주민들은 널려 있는 랍스터를 밭에 거름으로 사용하거나 집게발을 낚시 바늘로 쓰기도 했어. 그러다 보니 사람들은 랍스터를 가난한 집이나 하인, 죄수들이 먹는 하찮은 음식으로 생각했어.

농장 주인들은 저렴한 가격에 많이 먹을 수 있는 랍스터를 일꾼들의 음식으로 선택한 거야.

해 볼 테면 해 보라는 식이던 농장 주인의 마음이 바빠졌어. 농장 일은 시기가 중요했기 때문이야. 농장 주인은 일꾼들의 대표를 불러 요구 사항을 넣어 계약서를 작성했어.

일꾼들의 요구 사항은 하나였어.

'일주일에 3번 이상 랍스터를 식탁에 올리지 않는다.'

그런데 마냥 천덕꾸러기인 줄 알았던 랍스터가 19세기 말부터 대접을 받기 시작했어. 교통이 발달하면서 랍스터가 미국 곳곳에 퍼져 나갔거든. 더욱이 랍스터 산업이 발달하면서 랍스터가 해외로 쭉쭉 뻗어나가 고급 요리로 인기를 끌었어.

랍스터 이야기 흥미로웠지?

선생님은 랍스터만 보면 "우아!"라는 탄성이 나왔어. 크기에 놀라고 맛에 반했기 때문이야. 그런데 오늘부터는 이민자였던 일꾼들의 고단한 삶이 먼저 느껴질 것 같아.

> 더 알아볼까?

태안의 기름띠를 이겨 낸 인간 띠

'태평하고 안락하다'는 뜻인 태안은 우리나라에서 아름답고 살기 좋은 곳으로 이름난 곳이야. 해마다 많은 사람들이 에메랄드빛의 태안 바다로 모여들지. 경치만큼이나 사람들의 발길을 끄는 것이 먹거리인데 태안은 바닷장어구이, 대하구이, 바지락칼국수, 꽃게찜 등 유명한 먹을거리가 많아.

그런데 2007년 12월 7일 오전 7시 6분, 사계절 내내 아름다운 바다를 자랑하는 태안에 재앙이 덮쳤어. 태안 앞바다에서 배가 충돌하고 말았지. 바람이 세고 파도가 높은 날이었어. 해상 크레인을 끌고 가는 과정에서 와이어가 끊어지며 정박해 있던 유조선 스피리트호와 크레인이 충돌했어. 유조선에 실려 있던 1만 2천 배럴의 석유가 바다를 검게 물들였지. 예상치 못한 사고에 사람들은 당황했어.

정부는 태안 해안 경찰서에 방제 대책 본부를 설치했어. 사고 해역에

  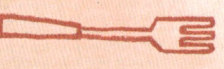  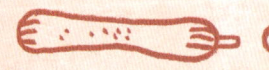

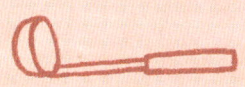

해경 경비함과 유류 오염 제거가 가능한 방제선을 투입해 석유 확산을 막으려 했으나 강풍과 거센 파도로 어려움을 겪었어. 그러는 사이 석유는 130km나 떨어진 전북 고군산도 해역까지 퍼지고 말았단다.

　어민들은 검게 변한 바다를 보고 절망했어. 돌과 바위, 모래까지 석유가 덮였거든. 혼탁해진 바닷물로 산소량이 줄다 보니 양식장의 어패류가 죽고 어장도 엉망이 됐지. 어민들은 석유를 뒤집어쓴 채 죽어 가는 꽃게, 바지락, 생선들을 보며 눈앞이 캄캄해졌어. 전문가들은 기름 유출 이전으로 돌아가는 데 20년 이상이 걸릴 거라 예상했어. 20년이 지나도 예전 모습을 보기 힘들 거라는 사람도 있었지.

　그런데 놀라운 광경이 벌어졌어. 기름 유출 사고로 끊겼던 발길이 다시 태안으로 향했어. 회사원, 교수, 수산물 관계자, 대학생 그리고 초등학생 손을 잡은 부모님 등 다양한 계층의 사람들이 태안을 살리겠다고 자원 봉사자로 나타난 거야. 자원 봉사자들은 양동이로 석유를 퍼내고 바위 사이에 낀 기름을 닦았어. 고사리손의 초등학생들도 흡착포로 해안가의 기름을 걷었지.

　자원 봉사자들이 태안을 살리겠다고 인간 띠를 이루었어. 그러자 태안을 가득 메웠던 석유 냄새가 조금씩 사라졌어. 검은 땀을 흘리는 자원 봉사자들의 마음이 쌓여 돌과 바다가 제 색깔을 찾기 시작했지. 바람 속에 바다 냄새가 밀려왔어.

　10년 뒤, 바지락과 꽃게가 태안 갯벌에서 꼼지락거렸어. 태안에 내렸던 검은 재앙이 파란 희망으로 변했지. 기적이었어. 그 기적을 일궈 낸 이는 태안을 되살리려는 230만 명의 자원 봉사자들이었지.

9. 순대

농경 생활과 함께했던 돼지

오늘은 누구나 좋아하는 식재료인 돼지를 소개하려고 하는데 돼지는 어떤 이유로 돼지가 되었을까?

고구려 때는 돼지를 '도시'라 불렀다가 고려 시대에 접어들며 '돗'으로 바뀌었어. 조선 시대에는 '돌' 또는 '돝'이라 불렀는데 돼지 새끼에 '아지'라는 단어가 붙어 '돝아지', '돈아지'로 불리다가 도야지로 변하면서 돼지가 된 거지.

돼지는 인류의 역사와 밀접한 관계를 맺어 왔어. 후기 구석기 시대의 유적지인 스페인의 알타미라 동굴에는 야생 동물의 뼈와 암벽화가 보존되어 있어. 동굴 벽에 그려진 커다란 돼지는 돼지에 대한 인간의 관심도를 알 수 있는 중요한 자료야.

야생에서 살았던 돼지는 물고기나 죽은 동물, 식물과 열매 등 다양하게 먹어. 야생 돼지가 가축화된 것은 인간의 정착 생활과 관련이 있어. 농사를 짓기 위해 한곳에서 살기 시작한 사람들은 음식을 저장했으며 음식을 만들고 남은 찌꺼기들은 움막 주위와 밭에 뿌렸어. 먹이를 찾아 어슬렁거리던 돼지는 움막 주변의 음식 찌꺼기를 자주 찾았어. 사람들이 움막 주위를 서성이는 돼지를 잡아 우리에 가두면서 가축으로 기르게 된 거지.

돼지는 기르기 편한 동물이었어. 잡식성이라 먹이 주기가 편했고 어떠한 환경이든 잘 자랐어. 한 번에 십여 마리 가량의 새끼를 낳을 만큼 번식력도 좋았지. 더군다나 돼지는 버릴 것이 없는 동물이었어. 돼지는 사람들에게 고기를 제공했고, 뼈는 농사에 필요한 도구나 무기로 사용했어. 가죽은 옷을 만들어 입거나 겨울에 움집을 덮어 추위를 막았지.

돼지를 부족의 명칭으로 사용하기도 했어. 부여는 '마가' '우가' '구가' '저가'라는 부족이 모여 나라를 이루었는데 이때 돼지의 이름을 붙여 '저가'라고 했지. 부여에 관한 기록에는 돼지가 자주 등장해. 아마도 부여가 돼지를 키우기에 적합했던 곳이기 때문일 거야.

오늘 선이가 준비한 음식 이야기는 순대라고 하는데 어떤 사연이 담겨 있는지 잘 들어 보자.

피난민들의 슬픔이 녹아 있는 아바이 순대

"엄마, 출출하지 않아?"

"왜? 먹고 싶은 거 있어?"

선이가 "응." 하며 손가락으로 포장마차를 가리켰다. 포장마차 앞은 어묵과 떡볶이, 순대를 먹는 사람들로 붐볐다.

"어이, 단골손님. 오늘은 엄마랑 같이 왔네."

포장마차로 들어선 선이에게 아저씨가 알은체를 했다.

"참새가 방앗간을 지나치지 못한다더니. 매일 여기 들렀다 오는 거야?"

엄마 말에 아저씨가 손사래를 쳤다.

"아니에요, 하도 인사를 잘해서 제가 선이 볼 때마다 불러요. 선이가 다녀간 날은 장사가 더 잘되거든요. 선이야, 오늘부터 순대를 바꾸려고 하는데 맛 좀 봐 줄래?"

아저씨가 순대를 엄마와 선이 앞에 놓았다. 이번 순대는 지난번과 달리 굵고 붉은 빛이 덜했다.

"이거 순대 맞아요?"

선이가 물었다.

"아바이 순대 같은데."

"앗, 아바이 순대를 아시는구나. 혹시 고향이 속초?"

"속초 아니고요. 우리 엄마는 요리 연……."

"어머님 친구분 고향이 속초라 몇 번 다녀온 적이 있어요."

엄마가 선이의 말을 끊을 때는 조용히 빨리 먹자는 신호였다.

"근데 왜 아바이야?"

선이가 궁금해하며 물었다.

"북한에서는 아버지를 '아바이'라고 하는데 아버지를 그리워하며 먹었던 순대이기 때문에 아바이 순대라고 하는 거야."

"그럼 이 순대가 북한 음식이에요?"

"함경도가 북한에 있으니 북한 음식이 맞지."

아저씨 말에 선이의 눈이 커졌다.

"와, 내가 북한 음식을 먹다니 신기하네."

엄마는 그동안 선이가 먹었던 함흥냉면이나 조랭이 떡국도 북한에서 유래된 음식이라고 했다.

"북한에서 온 음식이 여러 가지네. 근데요 아저씨, 이 순대는 예전 순대보다 더 쫄깃해요."

"역시 선이가 맛을 알아. 순대는 돼지 소창을 주로 쓰는데 아바이 순대는 대창을 써. 대창이라 순대가 굵고 껍질이 두꺼워서 쫄깃해."

선이의 입에서 저도 모르게 "아하."가 튀어나왔다.

"아바이 순대는 말이다. 1.4 후퇴 때 함경도에서 피난 온 사람들이 속초에 정착하면서 만들어 먹던 음식이야."

순대 얘기를 하던 아저씨가 포장하러 온 손님을 반기자 선이가 엄마에게 작은 소리로 물었다.

"엄마, 1.4 후퇴가 뭐지?"

"1.4 후퇴는 6.25전쟁을 알아야 하는데 6.25전쟁 알지?"

선이가 이마를 찡그리며 말했다.

"설마, 대한민국 초등학생 중에 6.25전쟁을 모르는 애가 있을까? 6.25전쟁은 1950년 맞지?"

엄마가 끄덕이자 선이가 뒷말을 이었다.

"1950년 6월 25일 새벽에 북한이 남한을 기습 공격했는데 일요일이라 많은 군인들이 휴가를 가고 없었대. 순식간에 북한에 땅을 뺏긴 남한은 거, 거기, 영화에 나왔던 도시인데……."

선이가 눈을 게슴츠레 뜨고 기억을 더듬자 엄마가 말했다.

"국제 시장의 배경이 부산이었지."

"맞아, 부산. 부산까지 밀렸어. 다음은 엄마 찬스 이용할래."

선이가 순대 하나를 입에 쏙 넣으며 말하자 엄마가 선이의 말을 받았다.

"잘했어. 소련의 지원을 받은 북한은 최신 무기를 앞세워 남한을 쑥대밭으로 만들었어. 남한은 준비 없이 시작된 전쟁에 꼼짝없이 당했어. 낙동강을 제외한 모든 곳을 북한군이 차지했지. 그런데 이때 연합군과 함께 맥아더 장군이 등장했어. 맥아더 장군은 우리 군과 힘을 합해 인천 상륙 작전을 펼쳐 빼앗긴 땅을 회복하며 북으로 진격했어. 휴전선을 지나 압록강으로 향하며 앞으로 나아갔지. 남과 북을 하나로 만들 수 있다는 기쁨에 들떠 있던 우리 군은 갑자기 들려온 소리에 멈칫했어."

"어, 나 알아 엄마. 중공군이 꽹과리 치고 피리 불며 인해 전술로 나타났다고 했어."

엄마가 선이의 엉덩이를 툭툭 치며 칭찬했다.

"기특하네. 우리 군과 연합군은 중공군을 향해 총을 쏘았어. 많은 중공군이 쓰러졌지. 우리 군은 대열을 정렬하며 잠시 숨을 돌리려 했어. 그런데 다시 중공군이 물밀듯이 밀려왔어. 사람을 앞

세운 인해 전술에 우리 군과 연합군은 후퇴를 결정했는데 그날이 1월 4일이야."

"1.4 후퇴가 1월 4일에 후퇴했다는 뜻이구나."

"그렇지. 북한 주민들도 전쟁을 피해 남쪽으로 떠났어. 피난민들은 1월의 칼바람과 배고픔을 참아 가며 지금의 속초 청호동에 터를 잡았지. 전쟁이 끝나고 돌아갈 날을 꿈꾸며 말이야."

"어머님 멋지십니다. 선이야, 어머니 설명이 베리 굿이다."

아저씨가 엄지손가락을 추켜세우자 엄마가 머쓱한 듯 말했다.

"어머님 친구분께 자주 듣던 이야기였어요."

아저씨가 선이를 보며 말을 이었다.

"청호동을 아바이 마을이라고도 해. 함경도에서 온 피난민들이 많이 살고 있어서 그렇게 부르지. 곧 끝날 줄 알았던 전쟁이 3년 동안 이어지다 휴전과 함께 휴전선이 세워졌어. 눈앞에 고향을 두고 갈 수 없는 상황이 된 거지. 고향이 그리웠던 청호동 사람들은 함경도에서 먹던 순대를 만들었어. 고향에서 먹던 음식을 만들며 그리움을 달랬지. 청호동 사람들이 한자리에 모여 상을 차렸는데 그 누구도 순대에 선뜻 손을 대지 못했다고 해."

"왜요? 먹고 싶었던 음식이었을 텐데."

"그게 말이다. 피난 중에 잃어버린 가족과 고향에 두고 온 부모님, 친구들이 생각났거든. 함경도에서 함께 순대를 만들어 먹던 죽었는지 살았는지 모를 친구들, 선생님, 부모님이 눈에 어른거려 차마 먹을 수가 없었던 거야."

아저씨의 설명을 듣던 선이의 목소리에 슬픔이 담겼다.

"나는 엄마 아빠를 하루만 못 봐도 슬프던데……."

"청호동 사람들은 고향이나 가족이 그리우면 순대를 만들었어. 함경도에서 먹던 대로 두꺼운 대창에 찹쌀과 야채, 고기를 넣고 가마솥에 푹 쪘지. 솥뚜껑 사이로 하얀 김이 솟아오르면 고소한 순대 향이 온 마을을 감쌌어. 순대 향을 맡고 하나둘 찾아온 사람들과 나눠 먹으며 그리움 대신 추억을 쌓기 시작했지."

"이렇게 작은 순대에 담긴 역사가 너무 큰 것 같아요, 어휴."

선이가 순대를 보며 긴 한숨을 내뱉었다.

"이 순대가 고향 잃은 피난민들의 마음을 조금이나마 달래 주지 않았을까?"

선이는 엄마의 말을 마음에 담았다.

세계의 요리

베이컨 기름으로 폭탄을?

친구들 안녕! 선생님이 가져온 오늘의 음식은 베이컨이야.

영국에서 시작된 베이컨은 돼지 뱃살이나 옆구리 살을 얇게 저며 소금에 절인 후 연기로 익혀 만들었어.

이후 베이컨은 영국인들에 의해 유럽에서 미국으로 전해졌어. 미국인들은 베이컨을 무척 좋아했어. 아이스크림에 바싹 구운 베이컨을 올려 먹기도 했고 베이컨 향이 나는 비누도 만들어 사용했지. 베이컨 향의 향수와 술 그리고 치약이 출시되기도 했어.

오늘은 직접 요리를 하려고 해. 우선 달궈진 후라이팬에 베이컨을 올려 볼게.

'차르륵' 소리 들리니? 소리와 함께 베이컨 냄새가 확 퍼지는 통에 배에서 밥 달라고 요동을 치는 것 같은데 너희들은 어떠니?

잘 봐, 선생님이 베이컨을 집게로 들어 올리면 무언가가 뚝뚝 떨어질 거야. 보이니? 바로 기름이야. 베이컨을 구우면 프라이팬을 흥건하게 적실 만큼 기름이 생기는데 이 기름으로 폭탄을 만들려고 했던 나라가 있어.

2차 세계 대전은 인류 역사상 가장 많은 피해를 남긴 전쟁이야. 1939년 9월에 독일이 폴란드를 침공하면서 시작됐어. 전쟁이 확산되면서 일본이 미국 하와이의 진주만을 기습 공격했고 이를 계기로 미국이 전쟁에 참여했지.

1942년 전쟁 중이던 미국에 생각지도 못한 운동이 일어났어. 베이컨을 구울 때 나오는 기름을 버리지 말고 모으자는 운동이었지. 미국은 '동물성 지방 절약 위원회'라는 단체를 만들어 베이컨 기름 모으기 운동을 펼쳤어. 그 이유는 무엇일까?

베이컨 기름으로 폭탄을 만들기 위해서였어. 엉뚱하다거나 말도 안 되는 계획이라고 하는 친구들이 있을 텐데 과학적으로 접근하면 그럴 수 있겠다는 생각이 들걸.

베이컨 기름을 포함한 동물성 기름은 글리세린을 만들 때 사용하고 글리세린은 폭탄과 폭발물의 원료야. 베이컨 기름 1파운드에 1파운드의 폭발물을 만들 수 있는 글리세린이 포함되어 있어. '베이컨 기름으로 폭탄을 만들 수 있다'는 게 엉뚱한 생각은 아니라는 거지. 게다가 당시 미국에서 소비하는 베이컨이 매년 20억 파운드 이상이었으니 기름만 제대로 모으면 가능한 일이었던 거야.

정부도 위원회의 의견에 동의했어. 기름의 중요성을 누구보다 잘 알고 있었기 때문이야. 정부와 위원회는 베이컨 기름을 모으기 위해 적극적으로 홍보했어. 동물성 지방 절약 캠페인 포스터도 만들고 텔레비전 광고도 만들었지.

그 당시에 만화 영화 '미키 마우스'가 인기를 끌었어. 정부와 위원회는 이 영화를 베이컨 기름 모으기 운동에 활용했어. 1942년 미키 마우스가 베이컨 기름을 모으는 만화 영화는 미국 전역에 방송됐어.

각 가정에는 빈 깡통을 지급했어. 동물성 기름을 깡통에 담아 정육점이나 지정 상점에 가져가면 포인트를 받을 수 있었고 지급받은 포인트는 배급품으로 교환할 수 있었어.

상점에 모인 동물성 기름은 군수품을 생산하고 수리하는 공장으로 보내졌어. 이렇게 해서 모은 기름은 무려 6억 7000파운드였어. 미국에서 동물성 기름을 생산하는 양의 10%나 되었지.

베이컨 기름으로 폭탄을 만들지는 않았지만 이 운동은 미국 주부들에게 많은 것을 일깨워 주었어. '전쟁은 군인만 하는 것이 아니다.' '전쟁에서 이기기 위해서는 모두 하나가 되어야 한다.'는 마음 말이야.

모든 것이 풍부한 나라인 미국도 전쟁에서 이기기 위해서 먹고 남은 기름 한 방울까지 아꼈다는 것을 잊지 않았으면 해.

이제 베이컨을 넣고 샌드위치를 만들어야겠어. 프라이팬에 버터를 녹인 후 빵을 노릇노릇하게 구워. 달걀프라이도 해야겠지. 구운 빵을 접시에 담고 달걀프라이 올리고 설탕을 살살 뿌린 다음 베이컨을 올린 후 빵으로 덮으면 끝.

베이컨 폭탄을 생각하며, 베이컨 샌드위치는 선생님 입속으로 꿀꺽. 맛있는 요리로 다시 찾아올게!

> 더 알아볼까?

이슬람교가 돼지고기를 먹지 않는 이유

종교에서 금지하는 음식이 있어.

불교는 살생을 금하기 때문에 고기를 먹을 수 없고 힌두교는 소를 숭배하기 때문에 소고기를 먹지 않아. 이슬람교에서는 돼지고기를 먹지 말라고 해. 돼지고기를 좋아하는 사람에게는 상상할 수 없는 일이지.

이슬람교는 건조한 기후를 가진 중동에서 탄생했어. 사막이 많고 물이 절대적으로 부족한 지역이지. 그런데 돼지는 물을 필요로 하는 동물이었어. 주로 강가에서 살던 돼지는 체온을 유지하기 위해 강물에 뛰어들거나 진흙 목욕을 했어. 더울 땐 땀을 흘려 체온을 떨어뜨려야 하는데 땀샘이 퇴화해 땀을 흘리지 못했거든.

그렇기 때문에 덥고 건조하며 물까지 부족한 중동 지역은 돼지를 키우기 적합한 환경이 아니었지.

이슬람교에서 돼지고기를 먹지 않는 두 번째 이유는 돼지가 깨끗한

　동물이 아니기 때문이야. 이슬람교는 좋은 먹거리로 몸을 건강히 하는 것이 알라를 바르게 섬기는 길이라고 여겨. 좋은 먹거리는 깨끗한 음식을 말하는데 돼지는 자라는 환경이 깨끗하지 않아. 자신이 배설한 똥에 몸을 뒹굴기도 하고 아무 음식이나 주워 먹을 만큼 식성이 좋거든. 쓰레기도 주워 먹는 동물이다 보니 사람에게 질병을 전파할 수 있을 거라 생각했어.

　이슬람교에서 금지하는 또 다른 음식은 호르몬 주사를 맞은 동물의 고기야. 색소를 넣거나 성장 호르몬과 같은 주사를 맞은 동물은 나쁜 식품으로 간주해 금지했어. 사람에게 해가 될 수 있다는 생각에서였지.

　하지만 금지된 음식이라도 생명을 구하기 위해 약으로 먹거나 굶어 죽을 상황에 먹는 것은 허용했어. 위급한 상황에서는 사람의 목숨을 구하는 것이 무엇보다 중요했기 때문이야.

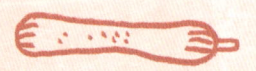

10. 김밥

연오랑이 바다로 나간 이유

오늘은 마지막 시간으로 선생님의 추억이 담긴 식재료를 소개하려고 해.

김부각, 김구이, 김자반, 김국, 김밥, 김 장아찌, 김무침은 밥상에 자주 오르는 반찬인데 이 요리들의 공통점이 무엇일까?

모두 김이 들어간 음식이라는 거지. 김은 바다의 암초에 붙어 이끼처럼 자라는 것으로 이것을 넓은 곳에 평평하게 말린 후 사각형으로 잘라서 먹는 음식이야. 김에 기름을 발라 구우면 고소한 맛이 일품이지.

김을 지칭하는 말로는 청태, 감태, 해우, 해의, 해태가 있어. 김은 한국과 일본 사람들에게 인기 있는 식재료야.

김은『삼국유사』의 연오랑과 세오녀 일화에 처음 등장했어. 157년 신라의 아달라왕 때였어. 연오랑이 바다로 나가 해조류를 따는데 바다에 둥둥 떠다니던 커다란 바위가 연오랑 앞에 멈췄어. 바위에 올라탄 연오랑은 일본으로 건너가 왕이 되었고 남편을 기다리던 세오녀 또한 바위에 실려 일본으로 갔다는 이야기야. 연오랑이 해조류를 따기 위해 바다로 나갔다는 것에서 오래전부터 김과 인연이 깊었다고 짐작할 수 있어. 연오랑이 바다에서 딴 해조류가 지금의 김이거든.

그렇다면 언제부터 오늘날처럼 말려서 먹었을까?

1640년 조선 시대에 김여익이란 사람이 섬진강 하구에 위치한 배알도를 거닐다가 밤나무 가지에 붙어 있는 해조류를 발견했어. 이후 김여익은 소나무와 밤나무 가지를 이용해 바다에서 건져 올린 해조류를 볕에 말려 먹었지. 많은 양을 생산할 수 없었지만 말린 김은 바삭하게 씹히는 맛이 좋아 임금의 밥상에 올릴 정도로 인기를 끌었어.

당시 임금이었던 인조는 검은색에 초록빛이 도는 종이 같은 것이 맛있다며 신하에게 음식의 이름을 물었어. 그러자 신하가 이름은 알 수 없으나 광양에 사는 김여익이 바친 음식이라고 했어. 인조는 이 음식을 김여익의 성을 따 '김'이라 부르라고 했대. 자, 그럼 이제 선이를 만나 볼까?

정월 대보름의 복쌈에서 시작된 김밥

"엄마 안 졸려?"

화장실을 다녀온 선이는 고소한 참기름 냄새에 이끌려 주방으로 향했다. 벽에 걸린 시계가 새벽 6시를 가리키고 있었다.

"괜찮아, 놀러 갈 생각에 잠이 달아났나 봐."

엄마 말에 선이는 김밥 재료들을 보며 투덜댔다.

"사 먹으면 되는데. 여의도 공원에도 치킨, 짜장면 다 배달된단 말이야."

"할머니가 김밥 좋아하시잖아. 엄마가 어렸을 때는 소풍이나 여행 가면 무조건 김밥을 쌌어. 지금은 김밥이 흔한 음식이지만 옛날엔 일 년에 한두 번 먹는 귀한 음식이었어."

"김밥 싸는 날이면 졸린 눈 비비며 부엌으로 왔지. 그러고는 단무지 하나를 쭉 빼서 먹었지."

할머니의 등장으로 엄마도 추억에 젖는 듯했다.

"맞아요, 어머니. 어릴 땐 김밥 꼬투리가 어찌나 맛있던지. 동생들보다 많이 먹으려고 일찍 일어났던 것 같아요."

"할머니 어릴 때도 김밥이 있었어요?"

"그땐 김이 귀했어. 단무지, 햄, 소시지도 비싼 재료라 김밥보다는 주먹밥을 많이 먹었지. 가만있어 보자. 정월 대보름인가? 그날 먹은 복쌈이 김밥의 기원이라고 했던 것 같은데. 맞나?"

할머니가 엄마에게 물었다.

"맞아요, 어머니. '복을 싸서 먹는다'라는 의미로 정월 대보름에 먹던 복쌈이 기원이에요."

"엄마, 정월 대보름에 잘 먹으면 복 받을 수 있어?"

선이의 질문에 엄마가 웃으며 말했다.

"호호호, 정월 대보름에 소지왕이 복을 받긴 했지. 소지왕은 신라의 21대 왕이었어. 『삼국유사』에 따르면 소지왕이 정월 대보름에 천천정이라는 정자로 가던 중 갑자기 까마귀 떼가 나타나 하늘을 뒤덮었다는 거야. 앞이 보이지 않아 왕의 행차를 멈추자 쥐들이 달려오더니 까마귀 떼를 따라가라고 했다는구나. 왕의 명을 받고 병사가 까마귀 떼를 쫓아가던 중 연못에서 노인이 나타나 편지를 주며 말했어. '글을 읽으면 두 사람이 죽을 것이나 읽지 않으면 한 사람이 죽을 것이다.' 말을 마친 노인이 연못 속으로 사라지지 병사는 왕에게 노인의 말과 함께 편지를 전했어. 왕

은 고민했어."

"편지에 적힌 글이 뭐였을꼬."

"나도 궁금해."

할머니와 선이가 대답했다.

"이때 점을 치는 신하가 왕에게 말했어. 두 사람은 평범한 사람이지만 한 사람은 왕을 뜻하는 것 같으니 읽어 보라고."

"대단한 신하인가 봐, 엄마. 한 사람이 왕인지 어떻게 알았을까? 그런데 만약 신하의 풀이가 잘못된 거라면?"

"신하의 말에 일리가 있다고 생각한 왕은 봉투를 열고 편지를 꺼냈지. 그런데 말이야……."

"그런데 뭐? 뭔데?"

선이가 재촉했다.

"편지에 거문고 상자를 쏘라고 쓰여 있었어. 이유를 알 수 없는 글귀였지만 왕은 병사가 들고 있던 활을 잡아 거문고 상자를 쏘았어. 그러자 짧은 비명이 들렸지."

"비명? 누가 죽었나?"

선미와 할머니는 이야기에 쏙 빠져들었다.

"거문고 상자를 열자 왕비와 중이 죽어 있었지 뭐야. 왕비와 중이 임금을 해치려 계획을 세웠다가 먼저 죽임을 당한 거지."

"엄청난 이야기인데. 편지를 읽지 않았다면 왕이 죽었을 거 아니야. 까마귀, 쥐, 노인 그리고 노인의 말을 해석한 신하 모두 대단해."

"그렇지, 이 일로 소지왕은 자신에게 화를 알린 까마귀에게 보답하기 위해 정월 대보름마다 찰밥을 지어 제사를 지내라고 했어. 재료를 구하기 힘들었던 서민들은 건강과 풍년을 기원하며 오곡밥을 지어 먹었어."

"아, 그래서 정월 대보름에 찰밥이나 오곡밥을 먹는구나."

"기특하네, 우리 선이. 소지왕이 정월 대보름에 길을 나선 이유는 한 해 중 처음 맞는 보름이기 때문이야. 정월 대보름 이후 농사가 시작되기 때문에 이날의 운수가 중요했지."

"그렇구먼. 할미도 어릴 때에는 정월 대보름에 복쌈도 먹고 더위도 팔고 했었는데. 정월 대보름에 이런 이야기가 담겨 있는지 몰랐구먼."

"엄마, 요즘도 복쌈을 먹어?"

"지금은 복쌈보다는 김밥이지. 취나물이나 배추로 찰밥이나 오곡밥을 싸 먹던 복쌈이 김이 생산되면서 김에 밥을 싸서 먹게 되었지. 선이 충무김밥 먹어 본 적 있지?"

"충무김밥? 들어 본 것 같긴 한데……."

선이가 기억을 더듬자 할머니가 나섰다.

"손가락 마디만 한 김밥 있잖아. 김에 밥만 있고 오징어랑 무를 곁들여 먹는 거."

할머니 말에 기억이 난 듯 선이가 고개를 끄덕였다.

"충무김밥은 할미가 잘 알지. 충무김밥은 충무에서 만들어 먹던 김밥이었어. 충무는 통영시의 옛 지명이야. 이순신하면 떠오르는 전쟁 있지?"

"임진왜란이요?"

"그래, 충무는 임진왜란 때 수군을 지휘했던 삼도 수군통제사 이순신 장군의 시호인 충무공에서 비롯됐어. 해방 이후 충무항에 살던 부부가 있었는데 어부였던 남편을 위해 아내가 만든 음식이 충무김밥이야."

"어부가 먹었던 음식이라고요?"

"그렇지, 어부들은 강이나 바다에서 물고기를 잡을 때 끼니를 거르기 일쑤였거든. 배에서 밥 먹기가 쉽지 않았기 때문이야. 고기잡이를 나간 남편이 배고픔을 술로 달래지 아내가 김에 밥을 말았고 양념한 오징어나 꼴뚜기, 무김치를 따로 담았어. 젓가락 대신 꼬챙이를 주었지. 이렇게 따로 싼 밥과 반찬은 여름에도 쉽게 상하지 않았어. 꼬챙이로 찍어 먹으니 편했고 맛도 좋아 든든한 한 끼로 안성맞춤이었어. 이후 충무김밥은 충무를 대표하는 음식이 된 거야."

"충무김밥은 사랑입니다."

선이의 말에 할머니와 엄마가 웃었다. 엄마가 말을 이었다.

"충무김밥이 전국적으로 인기를 얻게 된 것은 국풍81이라는 행사 때문이었어. 국풍81은 1981년 5월에 여의도 광장에서 열린 행사를 말해. 이때 향토 음식 전시회가 열렸는데 전시회를 통해 선보인 음식들이 텔레비전과 신문에 보도되면서 충무김밥에 관심을 갖는 사람들이 많아졌어."

"엄마, 우리도 충무김밥 만들어서 바닷가 가자. 나도 배에서 충무김밥 먹어 보고 싶단 말이야."

엄마와 할머니는 선이가 귀여운 듯 미소 지었다.

세계의 요리
일본의 삼각김밥

빵에는 우유, 햄버거는 콜라, 떡볶이를 먹을 때는 순대가 생각나는데 컵라면의 짝꿍 음식은 무엇일까?

선생님이 설명할 오늘의 요리는 삼각김밥이야.

삼각김밥은 학생뿐만 아니라 직장인들도 좋아하는 음식인데 언제 어디에서 태어났을까?

삼각김밥은 일본식 주먹밥인 오니기리에서 시작됐어. 오니기리는 찹쌀을 쪄 어른 주먹보다 작게 뭉쳐 만든 음식으로 도요토미 히데요시가 전투 식량으로 이용하면서 일본에 정착했지.

도요토미 히데요시를 이야기하기 전에 일본 역사에 등장하는 무사에 대해 먼저 알아야 할 것 같아.

일본은 1100년경 헤이안 시대 후반기에 들어서면서 국왕의 권위가 하락했어. 귀족들은 정부 요직을 장악하며 토지를 차지했어. 토지의 소유 정도에 따라 부와 권력을 가졌거든. 귀족들은 농민의 토지를 함부로 빼앗거나 헐값에 사들이면서 토지를 늘렸고 더 많은 토지를 갖기 위해 귀족들과의 전쟁도 마다하지 않았지. 상황이 이렇다 보니 귀족들은 자신의 재산과 토지를 지키기 위해 무사를 고용했어. 칼로 무장한 무사들을 사무라이라고 하는데 무리를 지어 다니며 자신을 고용한 귀족의 토지를 지키기 위해 싸웠고 승리한 무사는 귀족으로부터 토지를 받았지.

12세기 말이 되자 세력을 키운 무사들이 독자적으로 활동했어. 귀족을 누르고 장군으로 등극하면서 일본에 무사 정권이 수립됐지. 무사들은 쇼군(장군)이 되어 국왕을 허수아비로 만들고 세력 확장을 위해 잦은 전쟁을 일으켰어. 혼란한 시대가 100여 년간 지속되었지.

무사 정권 시기에 거리에는 죽거나 다친 사람들이 넘쳤고 식량도 부족했어. 사람들은 전쟁을 피해 고향을 떠나거나 산속으로 숨었어. 이때 등장한 사람이 도요토미 히데요시였지.

도요토미 히데요시는 주로 먹던 현미 대신 50% 정도 도정한 쌀로 만든 주먹밥에 일본 된장인 미소를 발라 무사들에게 보급하라고 명령했어. 왜냐고?

당시 먹던 쌀밥은 흰쌀이 아니라 왕겨만 간신히 벗긴 현미밥이었어. 현미밥은 영양은 있을지 몰라도 거칠어서 맛이 없고 소화가 잘되지 않아 전투 식량으로 알맞지 않았어. 미소를 바르라고 한 것은 콩이 원료인 된장이 탄수화물의 소화를 돕기 때문이야. 도요토미 히데요시는 맛이 있어야 더 힘이 나 쉽게 피로를 느끼지 않는다는 것을 알고 있었던 거지.

명령에 따라 무사들은 삼각형 모양의 주먹밥을 받았어. 주먹밥을 먹으며 달리자 적군이 예상한 시간보다 빨리 적진에 도착할 수 있었지. 미처 대비를 못한 적군은 제대로 싸워 보지도 못하고 맥없이 쓰러졌단다.

주먹밥을 잘 활용한 전투가 시즈가다케 전투야. 도요토미 히데요시의 부대가 내전에서 승리해 권력을 잡게 된 결정적인 싸움이지. 당시 도요토미 히데요시의 부대가 52km의 먼 거리를 다섯 시간 만에 주파했다는 기록이 있어.

도요토미 히데요시는 혼란한 시대를 통일했고 오니기리는 일본에 본격적으로 정착했지.

오니기리와 비슷한 우리 음식은 주먹밥이야. 두 음식의 공통점은 전쟁 때 병사들의 배를 채운 전투 식량이자 피난길이나 먼 길을 떠날 때 먹었던 비상식량이라는 거지.

우리나라의 수먹밥은 말 그대로 주먹처럼 둥글게 뭉치는데 오니기리는 삼각형이지. 일본이 삼각형을 선택한 이유는 산을 신처럼 숭상했기 때문인데 밥을 산 모양으로 만들어 먹으면 신의 기운을 받을 수 있다고 믿었어.

오니기리가 김을 만나 삼각김밥이 된 것은 에도 시대에 들어서야. 에도 시대 때 김을 종이처럼 건조시켜 밥에 붙였지만 별 인기를 끌지 못했어. 김이 밥에 붙어 눅눅해진 탓에 베어 먹기 힘들었거든.

1980년대, 일본의 식품 회사에서 삼각김밥을 포장할 때 김과 밥을 분리시키는 방법을 개발했어. 삼각김밥을 먹을 때, 가운데를 뜯고 양쪽 끝의 비닐을 잡아당기면 김과 밥 사이에 있는 비닐이 빠지면서 밥과 김이 붙는 원리야. 덕분에 방금 김으로 싼 것 같은 바삭한 식감를 낼 수 있었고 주먹밥 속의 재료도 다양해지면서 사람들의 입맛을 사로잡았지.

처음부터 끝까지 삼각김밥 얘기만 했더니 눈앞에 삼각김밥이 아른거리는 것 같아. 친구들, 간식으로 삼각김밥 어때?

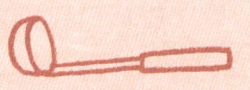

더 알아볼까?

세계인의 입맛을 사로잡은 김

해조류인 김은 물속이나 바위에 이끼 모양으로 붙어사는데 자연산으로는 수요를 감당하기 어려워 양식으로 생산하고 있어. 세계에서 김을 생산하는 나라는 한국과 중국, 일본이야. 대만과 뉴질랜드 등에서도 김을 생산하긴 하지만 수량이 많지 않지. 그렇다면 김 수출을 가장 많이 하는 나라는 어디일까? 바로 우리나라야.

세계가 우리나라의 김을 찾는 이유는 딱 하나, 품질 때문이야. 김은 청정 지역에서만 생산돼. 거기에 조수와 햇볕 그리고 수온이 적당해야 최고의 김을 생산할 수 있는데 우리나라의 김을 으뜸으로 치지.

서양에서는 해조류를 바다의 잡초라 여겨 먹지 않았어. 특히 마른김은 검은빛이 돌아 검정 종이라는 뜻의 '블랙 페이퍼'라 부르며 피하는 음식이었어. 김과 관련된 웃기지만 웃을 수 없는 이야기를 들어 볼래? 제2차 세계 대전 당시, 일본의 해안 지방에 미군 포로수용소가 있었

어. 일본은 포로들에게 반찬으로 김을 주었지. 전쟁이 끝나고 전쟁 범죄자를 처벌하기 위해 재판이 열렸어. 미군 측에서 일본이 포로들을 학대한 증거를 제시했는데 바로 블랙 페이퍼였어. 일본이 검은 종이를 강제로 먹였다고 말이야. 김을 두고 검은색 종이라니! 음식 문화가 다르니 생각 또한 다르다는 것을 알 수 있는 사건이야.

   그러나 지금은 김의 효능과 한류 열풍으로 서양인들의 생각이 바뀌었어. 미국이나 유럽에서는 김을 감자칩이나 팝콘을 대체할 수 있는 간식으로 보지. 김은 비타민A와 단백질, 칼슘이 풍부하고 칼로리가 낮아 다이어트에 뛰어나거든. 더불어 한류 열풍이 크게 일면서 많은 사람들이 한국 문화와 음식에 관심을 가져 자연스레 김의 맛을 알게 된 거지.

   친구들, 우리가 먹는 음식에 이렇게나 깊은 역사가 숨어 있다니 놀랍지 않아? 앞으로도 역사와 음식에 많은 관심을 가지면 선생님이 뿌듯할 것 같아. 그럼 정말로 안녕!

  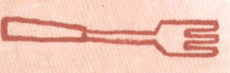